Wir sind Verkauf!

Gerhard Feiler · Gernot Krickl

Wir sind Verkauf!

Die innere Haltung zählt: Wege zu mehr Selbstbewusstsein und Erfolg

Gerhard Feiler
Klosterneuburg, Österreich

Gernot Krickl
Wien, Österreich

ISBN 978-3-658-16675-5   ISBN 978-3-658-16676-2 (eBook)
DOI 10.1007/978-3-658-16676-2

Die Deutsche Nationalbibliothek verzeichnet diese Publikation in der Deutschen Nationalbibliografie; detaillierte bibliografische Daten sind im Internet über http://dnb.d-nb.de abrufbar.

Springer Gabler
© Springer Fachmedien Wiesbaden GmbH 2017
Das Werk einschließlich aller seiner Teile ist urheberrechtlich geschützt. Jede Verwertung, die nicht ausdrücklich vom Urheberrechtsgesetz zugelassen ist, bedarf der vorherigen Zustimmung des Verlags. Das gilt insbesondere für Vervielfältigungen, Bearbeitungen, Übersetzungen, Mikroverfilmungen und die Einspeicherung und Verarbeitung in elektronischen Systemen.
Die Wiedergabe von Gebrauchsnamen, Handelsnamen, Warenbezeichnungen usw. in diesem Werk berechtigt auch ohne besondere Kennzeichnung nicht zu der Annahme, dass solche Namen im Sinne der Warenzeichen- und Markenschutz-Gesetzgebung als frei zu betrachten wären und daher von jedermann benutzt werden dürften.
Der Verlag, die Autoren und die Herausgeber gehen davon aus, dass die Angaben und Informationen in diesem Werk zum Zeitpunkt der Veröffentlichung vollständig und korrekt sind. Weder der Verlag noch die Autoren oder die Herausgeber übernehmen, ausdrücklich oder implizit, Gewähr für den Inhalt des Werkes, etwaige Fehler oder Äußerungen. Der Verlag bleibt im Hinblick auf geografische Zuordnungen und Gebietsbezeichnungen in veröffentlichten Karten und Institutionsadressen neutral.

Lektorat: Manuela Eckstein
Grafiken: Evelyn Schlagbauer www.d5sign.at

Gedruckt auf säurefreiem und chlorfrei gebleichtem Papier

Springer Gabler ist Teil von Springer Nature
Die eingetragene Gesellschaft ist Springer Fachmedien Wiesbaden GmbH
Die Anschrift der Gesellschaft ist: Abraham-Lincoln-Str. 46, 65189 Wiesbaden, Germany

Dank!

Als Trainer und Coach konnte ich über die letzten Jahre von meinen Kunden und von den Teilnehmern in meinen Trainings viel lernen. Vieles davon findet sich in den Geschichten und Beispielen in diesem Buch wieder. Dafür bedanke ich mich von Herzen!

Ein großer Dank geht auch an meine Trainerkollegen, allen voran Hannes und Wolf. In den unzähligen Gesprächen mit euch habe ich meine Methoden und Sichtweisen zum Verkauf permanent weiterentwickelt. Die Arbeit mit euch bereichert mein Leben jeden Tag aufs Neue.

Mein persönlicher Dank gilt meiner Familie und im Besonderen zwei Menschen: meinem Sohn Lukas und meiner Partnerin Claudia. Lukas, deine Anerkennung für das, was ich tue, hat mich angespornt, dieses Buch zu schreiben. Claudia, deine Gedanken und Zugänge in unseren Diskussionen über den Verkauf – oft waren sie auch durchaus kontrovers – haben dieses Buch maßgeblich mitgestaltet.

Lieber Gerhard, wir kennen uns jetzt fast drei Jahrzehnte. Beinahe bei jedem Treffen philosophieren wir über den Verkauf. Ich danke dir für deinen hartnäckigen Wunsch, gemeinsam darüber ein Buch zu schreiben – diese Beharrlichkeit hat dieses Buch erst möglich gemacht.

Gernot Krickl

„Vergnügen, Vergnügen, Vergnügen ... etwas anderes hast du nicht im Kopf! Was soll aus Dir nur einmal werden." Das war ein beliebter Spruch meiner Mutter, wenn ich viel unterwegs war. Mein natürliches Interesse an Menschen führte dazu, dass ich mit vielen Leuten in Kontakt stand und ein dementsprechend intensives Leben führte. Mein Vater war meist auf meiner Seite, da ich ein fleißiger Schüler und Student war.

Erst später wurde mir schnell klar, dass mein ehrliches Interesse an Menschen und meine Lebensfreude besonders im Verkauf große Vorteile brachte. Als Verkäufer lernte ich viele Unternehmer kennen, die in allem immer das Positive und die Chancen zu sehen versuchten und mir gerne erzählten, wie sie erfolgreich wurden. Von ihnen habe ich so viel gelernt wie auf keiner Schule oder Universität – und Geld bekam ich auch noch dafür.

Mit den richtigen Rahmenbedingungen im Verkauf – im Hinblick auf den Faktor Mensch – sind unvorstellbare Ergebnisse möglich. Eine Vervielfachung der Erträge in wenigen Jahren ist möglich, auch in klassischen Branchen.

Ich danke meiner Frau Agnes und meinen Söhnen Oliver und Felix dafür, dass sie immer an mich glaubten. Weiters danke ich meinen Eltern Monika und Heinz sowie meiner Schwiegermutter Wanda für die Unterstützung in den letzten Jahren. Meine Familie, Freunde, Kunden und Arbeitskollegen haben des Weiteren dazu beigetragen, dass mein Leben interessant und erfüllt ist.

Gernot, wir werden wahrscheinlich noch am Sterbebett über Verkauf diskutieren.

Gerhard Feiler

Verkauf – der schönste Job der Welt

Was wäre die Welt, gäbe es keine Verkäuferinnen und Verkäufer? Es wäre wohl ziemlich traurig um uns bestellt. Menschen hätten Wünsche und Bedürfnisse, die sie sich nicht so richtig erfüllen könnten – weil es niemanden gibt, der sie unterstützt, die für sie richtige Kaufentscheidung zu treffen. Unternehmer wären darauf angewiesen, dass Kunden von selbst auf die Idee kommen, bei ihnen zu kaufen. Ginge man kaufwillig in einen Laden, wäre dieser menschenleer und man müsste als Kunde sich selbst bedienen und wohl auch selbst beraten.

Gäbe es den Verkaufsgedanken nicht, könnte niemand jemand anderen von seiner Idee begeistern und es würden wohl viele geniale Erfindungen und Innovationen nie umgesetzt werden, weil es dafür eben mehr braucht als nur einen Ideenbringer und einen Computer. Es braucht auch andere, die sich vom Sinn überzeugen lassen und mitarbeiten wollen. Doch ohne die Fähigkeit, die eigene Idee zu verkaufen, wird das wohl nichts. Und es ist die Frage, wie viele Liebesbeziehungen zustande kämen, wäre es uns allen fremd, um die Gunst eines anderen zu werben und sich selbst und seine Vorzüge überzeugend zu vermitteln.

Es steht also außer Zweifel, dass unsere Tätigkeit von Bedeutung ist. Jedenfalls ist das unsere Überzeugung. Seit vielen Jahren verkaufen wir mit aufrichtiger Leidenschaft Produkte und Dienstleistungen und schulen Kolleginnen und Kollegen in unseren Trainings und Vorträgen. Dabei ist uns vor allem eines aufgefallen: Es sind weniger die Verkaufstools und -tipps, die fehlen, als die grundlegende Einstellung zum Verkauf. Nur Verkaufstechniken zu vermitteln, das scheint uns ebenso effizient, als würde man im Dauerschatten Samen säen und sich wundern, wenn sie nie aufgehen oder nur mickrige Blüten wachsen.

Daher sind wir dazu übergegangen, an der wohl entscheidensten Stellschraube zu drehen, die zudem die größte Wirkung erzeugt: an der Haltung der Verkäuferinnen und Verkäufer zu ihrem eigenen Job! Für uns ist Verkaufen etwas, das wir mit viel Freude tun. Diese Freude wollen wir gerne verbreiten. Lassen Sie sich dazu verführen, Ihre persönliche Einstellung zum Verkaufen zu hinterfragen.

Was es Ihnen bringt, jetzt gleich die nächste Seite aufzuschlagen? Nun, das ist leicht erklärt:

- Sie werden erfolgreicher in Ihrem Job sein.
- Sie werden Ihre Arbeitstage besser gelaunt verbringen.
- Sie werden an Lebensqualität gewinnen!

Wir wünschen vergnügliche Lesestunden und viel Erfolg!

Gerhard Feiler und Gernot Krickl

Inhaltsverzeichnis

1	**Es ist immer eine Frage der Haltung**	1
	1.1 Entscheiden Sie täglich neu: Wird der Tag ein guter oder ein schlechter?	3
	1.2 Ihr Verhalten ist immer auch Spiegel Ihrer inneren Haltung	3
	1.3 Was können Sie für die Welt tun?	4
	1.4 In Wirklichkeit ist Wirklichkeit nicht wirklich wirklich	5
2	**Alles Leben ist Veränderung**	9
	2.1 Wenn das nicht so anstrengend wäre	11
	2.2 Was unser Verhalten prägt	12
	2.3 Mut, Wille und ein attraktives Ziel: Das Feuer, das Ihren Motor antreibt	16
	2.4 Die richtigen Stellschrauben finden	19
	Literatur	20
3	**Warum Klischees und Vorurteile uns leiten**	21
	3.1 Schubladendenken	24
	3.2 Der Sinn von Vorurteilen	24
	3.3 So entstehen Klischees	26
	3.4 Auch ein Markenimage ist ein Vorurteil	28

3.5	Vom Vorurteil zum Vorteil für Ihren Job		29
Literatur			32
4	**Räumen Sie auf mit den Verkäufer-Klischees**		**33**
4.1	Die Impfung mit dem Verkäufer-Gen		34
	4.1.1	Interesse am Menschen – das ist, was zählt	37
	4.1.2	Der zweite Erfolgsfaktor: Authentizität	39
	4.1.3	Was ist Ihre persönliche Verkäufer-DNA?	43
	4.1.4	Was Sie möglicherweise in die Irre leitet	44
4.2	Emotionen haben im Verkauf nichts verloren		47
	4.2.1	Männer wollen Fakten, Frauen Gefühle?	50
	4.2.2	Emotionen richtig erkennen und ansprechen	52
	4.2.3	Emotionen und Fakten auf der Waagschale	56
4.3	Man muss Weltmeister im Kunden-Totreden sein		61
	4.3.1	Menschen wollen, dass man ihnen zuhört	64
	4.3.2	Die richtigen Fragen stellen	67
	4.3.3	Es ist auch eine Frage der Technik	70
4.4	Der Kunde ist mit Vorsicht zu genießen		75
	4.4.1	Eine Frage der Grundhaltung: Menschen sind im Grunde gut	77
	4.4.2	Vertriebsaktion – das Schreckgespenst des Verkäufers	79
	4.4.3	Jede Kundenansprache ist ein Gewinn	82
	4.4.4	Seien Sie ambitioniert und realistisch, was Ihre Ziele anlangt	84
4.5	Verkaufen ist eine Raketenwissenschaft		85
	4.5.1	Verkaufen ist in erster Linie Beziehungsarbeit	87
	4.5.2	Das Kontakt-Modell	89
	4.5.3	Vom Kundenkontakt zur Kundenbindung	91
4.6	Verdammt, der Kunde hat mich entlarvt!		95
	4.6.1	Verkäufer haben etwas, das sie verkaufen wollen. Punkt!	97
	4.6.2	Seien Sie ehrlich zu Ihren Kunden, das gibt Sicherheit	99
	4.6.3	Drücken Sie sich verständlich aus	100

4.7	Der Kunde kauft ja ohnehin im Internet		106
	4.7.1	Es hat einen Grund, dass der Kunde Ihre Unterstützung sucht	108
	4.7.2	Nutzen Sie die Nachteile des Internet zu Ihrem Vorteil	112
	4.7.3	Machen Sie sich das Internet zum Freund, nicht zum Feind	114
	4.7.4	Wappnen Sie sich: Das Geschäft wird härter	121
4.8	Unzufriedene Kunden sind die Pest		123
	4.8.1	Beschwerden – Chancen auf wunderbare Kundenbeziehungen	126
	4.8.2	Mit unzufriedenen Kunden richtig umgehen	128
	4.8.3	Sorgen Sie vor, indem Sie Ihre Kundenbeziehungen entwickeln	133
4.9	Weiterempfehlung? Wie aufdringlich!		135
	4.9.1	Empfehlen hat nichts mit Anbiedern oder Wichtigmachen zu tun	138
	4.9.2	Der Dreischritt: Feedback – Feedback – Empfehlung	142
	4.9.3	Nutzen Sie alle Möglichkeiten, sich bekannt zu machen	145
Literatur			147
5	**Bringen Sie Bewegung in Ihren Verkauf**		**149**
5.1	Erfolgreich ist, wer gut umsetzen kann		151
5.2	Austauschen, teilen, gemeinsam entwickeln, bewegen		153
5.3	Ideen, wie Sie Ihre ersten Schritte gestalten		155
	5.3.1	Eine Frage Ihrer Haltung	155
	5.3.2	Den Mutigen gehört die Welt	157
	5.3.3	Was macht Sie zum erfolgreichen Verkäufer?	159

5.3.4	Wie Sie Emotionen im Verkauf einsetzen	161
5.3.5	So werden Sie Weltmeister im Kunden-Zuhören	162
5.3.6	Kreieren Sie Ihre eigene Vertriebsoffensive	166
5.3.7	Entwickeln Sie die Beziehungen zu Ihren Kunden weiter	168
5.3.8	Deklarieren Sie sich offen als Verkäufer	172
5.3.9	Machen Sie sich das Internet zum Assistenten	173
5.3.10	Freuen Sie sich über Beschwerden	175
5.3.11	Lassen Sie von sich reden	177

Machen Sie gemeinsame Sache, dann haben Sie Erfolg! 179

1

Es ist immer eine Frage der Haltung

Warum die besten Verkaufstechniken, Tools und Tipps Ihnen wenig bringen, solange Sie nicht die richtige Einstellung in sich gefunden haben.

Es ist Montagmorgen und es regnet. Das ist ja wieder einmal typisch, denkt Martina, nicht nur, dass das Wochenende vorbei ist, gibt es auch noch Schlechtwetter. Das bedeutet feucht-muffelnde Menschen in der U-Bahn auf dem Weg zur Arbeit, finstere Gesichter und nervige Kunden. Das ist nämlich immer so: Wenn es regnet, sind alle Menschen schlecht drauf – zumindest ist das Martinas Überzeugung. Dann haben alle Stress und sie muss es wieder büßen, weil diese Menschen ihre schlechte Laune an ihr auslassen.

Als sie um Punkt neun Uhr die Boutique aufsperrt, in der sie als Verkäuferin arbeitet, steht auch schon eine Frau vor der Tür. Die ist bestimmt sauer, weil sie im Regen warten musste, denkt Martina. Sie weicht sicherheitshalber ihren Blicken aus und murmelt nur ein leises „Gtnmrgn". Die Frau sieht sich bei den Blusen um und Martina verkrümelt sich hinter den Verkaufstresen. Sie hört ihre Kollegin Claudia hinten im Lager herumräumen und wünscht sich, mit ihr tauschen zu können. Lieferungen sortieren, das ist zwar auch nicht gerade ihre

Lieblingsbeschäftigung, wäre aber momentan immer noch besser, als sich um diese Frau zu kümmern, die gerade zielstrebig auf sie zusteuert.

„Kann ich Ihnen helfen", fragt Martina mechanisch. „Ja, das hoffe ich", meint die Kundin. Da ist er, der schnippische Unterton, Martina hört ihn genau. Sie unterdrückt ein Seufzen und steht auf, um die Frau zur Umkleidekabine zu begleiten. Wenn die schnippisch ist, denkt Martina, dann kann ich das auch. Also bleibt sie einsilbig, als die Kundin fragt, ob ihr die Bluse steht, und tut ihre Pflicht, als die Frau sie um weitere ähnliche Blusen bittet. Am Ende hat die Kundin fünf Stück probiert und ist mit einem seltsamen Seitenblick von dannen gezogen, ohne etwas zu kaufen. Typisch, denkt Martina. An Regentagen sollten diese Menschen nicht einkaufen gehen, wenn sie keine Laune dazu haben. Dann hätte ich keine unnötige Arbeit.

Der Tag wird so, wie Martina es ohnehin schon geahnt hat: wenig Verkaufsabschlüsse, ein paar lästige Umtausche, eine nervige Reklamation – und am Ende hat auch noch der Computer gestreikt. Als sie nach Geschäftsschluss mit Claudia noch aufräumt und die Kassa abschließt, summt die Kollegin vor sich hin.

„Was ist denn mit dir los?", wundert sich Martina. „Hast du einen Lottosechser gemacht, dass du so gut drauf bist? Am schönen Wetter kann es wohl nicht liegen, denn es regnet noch immer. Den ganzen Tag schon!"

„Ach, mir macht Regen nichts aus. Ist ja nur Wasser von oben. Deswegen lasse ich mir doch den Tag nicht verderben!"

„Leichter gesagt als getan. Bei Schlechtwetter sind die Kunden alle unmöglich, finde ich. Sie sind gestresst und übellaunig. Mir scheint, als kämen dann besonders viele mit Beschwerden daher. Da kann man doch nicht anders, als selbst übellaunig zu werden."

„Also ich weiß nicht. Kann sein, dass ein paar mehr Kunden mit hängenden Mundwinkeln hereinkommen. Das ist für mich aber nur ein Grund mehr, sie anzulächeln. Fast immer lächeln sie dann zurück. Ich mag das sehr, wenn ich meinen Kunden ein bisschen gute Laune bringen kann. Außerdem kaufen sie dann viel lieber ein. Stell dir vor, ich habe sogar eine dieser beigen Hosen verkauft, von denen wir dachten, die wären der Ladenhüter schlechthin."

„Ich glaube, du hast einfach nur Glück. Du erwischst immer die guten Kunden, bei mir landen die Miesepeter. So wird das sein."

1.1 Entscheiden Sie täglich neu: Wird der Tag ein guter oder ein schlechter?

Claudia und Martina – beide arbeiten sie im gleichen Job. Die eine macht gute Verkaufsabschlüsse und freut sich ihres Lebens, die andere hadert. Doch ist es tatsächlich nur „Glück", wie Martina vermutet? An unterschiedlichen Verkaufs-„Tricks" kann es nicht liegen, denn beide haben dieselben Verkaufsschulungen besucht. Oder liegt es doch daran, dass Claudia mit einer anderen Haltung an die Arbeit geht? Wie es aussieht, hat sich Martina gleich am Morgen vom Regenwetter die Laune verderben lassen und ist missmutig arbeiten gegangen. Sie hat ihre vorgefasste Meinung, die sie durch den Tag leitet: Wenn es regnet, kann der Tag nur schlecht werden. Claudia hingegen lässt sich die Laune nicht verderben und hat trotzdem einen schönen und erfolgreichen Tag.

Die beiden zeigen sehr schön, worauf es ankommt – im Leben und speziell auch im Beruf: auf die richtige Haltung. Mit einer negativen Einstellung lebt es sich eindeutig schlechter als mit einer positiven!

1.2 Ihr Verhalten ist immer auch Spiegel Ihrer inneren Haltung

Der Philosoph Martin Buber sagte einmal: „Der Mensch wird erst im Du zum Ich." Das bedeutet, dass wir nur durch die Rückmeldungen anderer Menschen in unserem Selbstwert genährt werden. Wir können uns zum Beispiel noch so sehr einreden, ein liebenswerter Mensch zu sein – solange wir das nicht durch einen Mitmenschen bestätigt bekommen, hat das nur wenig Einfluss auf unseren Selbstwert. Und: Bestätigt bekommen wir diese Eigenschaft nur dann, wenn wir das auch wirklich sind, und nicht nur, wenn wir sagen, dass wir es sind. Denn es sind nicht nur die Worte, die andere überzeugen, sondern vielmehr unser Verhalten, das die Worte glaubwürdig macht. Erst in unserem Verhalten offenbaren wir unsere innere Einstellung.

Martina, da sind wir ganz sicher, ist ein netter und freundlicher Mensch. Nur an diesem Tag lässt sie sich vom Regen beeinflussen. Ihre innere Einstellung ist: Alle Kunden werden schlecht gelaunt sein und ich muss es büßen. Was passiert? Martina ist allein durch ihr Vorurteil schon selbst schlecht gelaunt. Dementsprechend steht sie mit finsterer Miene im Geschäft und meidet den Blickkontakt. Auf diese Weise kann sie nur bestätigt bekommen, was sie ohnehin glaubt. Mit ihrer vorgefassten Meinung färbt Martina ihr gesamtes Umfeld. Sogar als die Kundin auf ihre Frage, ob sie helfen könne, sagt „Ja, das hoffe ich!", hört sie einen schnippischen Unterton. Kollegin Claudia hätte ihn – so überhaupt vorhanden – gar nicht gehört, sondern in der Aussage eher einen zusätzlichen Ansporn gefunden. Sie hätte sich bemüht, die „Hoffnung" der Kundin zu erfüllen.

Denn so ist es tatsächlich: Ist jemand einmal felsenfest davon überzeugt, dass der Tag nur katastrophal werden wird, ist es äußerst schwer, ihn vom Gegenteil zu überzeugen. Das fällt unter das Konzept der „selbsterfüllenden Prophezeiungen", wie es uns Kommunikationswissenschaftler Paul Watzlawick vorgestellt hat: Wenn wir nur fest daran glauben, dass etwas passiert, dann wird es auch passieren. Das ist ein Teufelskreis. Ich habe schlechte Laune, weil ich glaube, dass heute ein schlechter Tag wird. Daher wird der Tag höchstwahrscheinlich tatsächlich mies. Und das wird meine schlechte Laune nur noch verstärken.

> **Festgehalten**
>
> Es liegt an Ihnen zu entscheiden, ob der Tag schön oder mies, die Kunden willkommen oder lästig, der Chef professionell oder gemein ist.

1.3 Was können Sie für die Welt tun?

Die gute Nachricht: Wir können den Spieß auch umdrehen und diesen Teufelskreis für gute Gedanken nutzen. Claudia macht es uns vor: Wenn eine Kundin mit herabhängenden Mundwinkeln bei der Tür hereinkommt, sieht sie das nicht als Bestätigung ihrer ärgsten Befürchtungen, sondern als positive Herausforderung: Mal sehen, ob ich ihr ein Lächeln abringen kann. Sie ist überzeugt, dass sie die Kundin unterstützen kann, also wird diese selbsterfüllende Prophezeiung auch passieren. Sie lächelt die Kundin an, ist freundlich und offen, zeigt echtes Interesse – und es dauert garantiert nicht lange, bis die Kundin zumindest zaghaft lächelt. Und schon beweist sich die selbsterfüllende Prophezeiung, die in diesem Fall lautet: Wenn Sie glauben, dass etwas Gutes passiert, dann wird es auch passieren.

Claudia fragt nicht, was die Welt für sie tun kann – das ist eher Martinas Ressort, in deren Augen die Welt für sie nichts Gutes tut, weil sie Regen herabfallen lässt. Claudia fragt stattdessen: Was kann ich für die Welt tun? Sie entscheidet schon am Morgen, dass es ein guter Tag für sie werden wird. Sie kann freundlich sein und lächeln und es sich zur Aufgabe machen, in griesgrämige Gesichter ein Lächeln zu zaubern. Das macht ihre Kundinnen zufrieden und damit auch sie selbst! Auf diese Weise sorgt sie dafür, dass ihr Gegenüber ihren Selbstwert positiv speist.

> **Festgehalten**
>
> Was können Sie tun, um die Welt Ihres Kunden und auch Ihre eigene Welt positiver zu machen?

1.4 In Wirklichkeit ist Wirklichkeit nicht wirklich wirklich

Ob die Welt unser Leben gerade mit Regenwetter oder Hitze, Kirschtorte oder einem saftigen Steak, mit einem Fahrrad oder einem Cabrio beliefert, es wird immer Menschen geben, die das eine gut finden und das andere nicht – und umgekehrt. Wenn wir einmal von Umweltkatastrophen, lebensbedrohlichen Krankheiten, Krisen oder gar Kriegen absehen (die wird niemand gut finden), dann gibt es wohl wenige Dinge und Begebenheiten, die alle Menschen gleich gut oder schlecht finden. Alles ist eben Geschmacksache. Oder anders ausgedrückt: Das, was Sie als Wirklichkeit erkennen, ist für jeden anderen Menschen zumindest ein bisschen, meist aber doch ziemlich anders.

Es gibt nicht „die eine" objektive Sicht, sondern viele subjektive, und alle diese Sichtweisen sind gleichwertig. Martina findet Regen schlimm, weil sie dabei sofort an ungemütliche Feuchtigkeit denkt, die ihr in die Kleidung kriecht. Claudia findet Regen gut, weil die Natur Wasser braucht und sie ihren Garten nicht gießen muss. Claudias Mann träumt seit Jahren von einem Cabrio, das ist für ihn der Inbegriff der Freiheit. Claudia findet Cabrios blöd, weil sie Benzinfresser und Luftverschmutzer sind. Sie hätte lieber ein schickes Fahrrad, schon allein der Umwelt zuliebe. Jedes Argument ist für sich gesehen nachvollziehbar. Ob man es akzeptiert oder nicht, ist dann eine Frage der Bewertung.

Und damit sind wir auch schon am Dreh- und Angelpunkt: Wie wir etwas bewerten, hängt von unserer Persönlichkeit ab. Oder anders ausgedrückt, unsere Bewertungen machen uns zu dem, was wir sind. Eine Kirschtorte ist im Grunde nur eine geballte Ladung aus Zucker, Fett und Kirschgeschmack. Ob sie gut oder schlecht ist, ist eine Frage der individuellen Bewertung. Ein gesundheitsbewusster Mensch wird sie anders bewerten als ein süßes Schleckermaul. Er wird andere Zuschreibungen machen: „Ungesund!", wird er sagen oder „Da wird mir immer schlecht!". Das Schleckermaul wird das anders sehen: Köstlich! Eine Sünde wert! Es ist die grundsätzlich positive Bewertung von Süßem, die einen Menschen erst zu einem Schleckermaul macht.

Gleichzeitig ist eine Bewertung auch etwas, das man ändern kann. Das süße Schleckermaul kann, der eigenen Figur zuliebe, sich mit der Sichtweise des Gesundheitsbewussten auseinandersetzen und schauen, ob es da nicht Argumente gibt, die es übernehmen kann. Es gibt schließlich auch andere Ziele im Leben als den Genuss. Umgekehrt kann der Gesundheitsbewusste versuchen, ein bisschen weniger streng zu sein, und erkennen, dass bei aller Vernunft auch ein bisschen Genuss Platz im Leben haben sollte.

All diese Zuschreibungen, Bewertungen und Sichtweisen formen unsere subjektive Wirklichkeit. Jedes Ereignis, das uns persönlich betrifft oder wir in unserem unmittelbaren Umfeld beobachten oder im Fernsehen mitverfolgen, verändert und erweitert unsere Wirklichkeit. Ganz nach dem Motto „we never use the same brain twice" können wir jeden Tag aufs Neue entscheiden, wie wir das, was um uns herum passiert, bewerten wollen.

1.4 In Wirklichkeit ist Wirklichkeit nicht wirklich wirklich

> **Festgehalten**
>
> Nicht nur Ihre Wirklichkeit ist richtig, auch die eines jeden anderen Menschen, der Ihnen gegenübersteht.

Wir müssen uns immer bewusst sein, dass jeder Mensch, der uns begegnet, seine eigene Wirklichkeit hat, die wir nie vollständig erfassen werden können. Und sie wird nie ident sein mit unserer eigenen. Wenn Martina den Regen negativ bewertet und findet, dass die Kundin wegen des Regens missmutig ist, dann ist das bloß eine Unterstellung. Eine Zuschreibung. Sie könnte wegen etwas ganz anderem schlecht gelaunt sein. Oder sie ist gar nicht schlecht gelaunt und wäre sogar zu Scherzen aufgelegt, würde Martina nur ein wenig freundlicher sein.

Dieses Wissen ist wertvoll für Sie, denn nun können Sie Ihre persönliche Wirklichkeit unter die Lupe nehmen. Der Kommunikationswissenschafter Paul Watzlawick hat es so treffend formuliert: „Der Glaube, es gebe nur eine Wirklichkeit, ist die gefährlichste Selbsttäuschung. Ich bin frei, denn ich bin einer Wirklichkeit nicht ausgeliefert, ich kann sie gestalten." Es ist ein absoluter Vorteil als Verkäufer, die eigene Wirklichkeit von der Ihres Kunden zu unterscheiden – und sich für die Welt Ihres Kunden auch zu interessieren, sie kennenlernen zu wollen. Das macht Ihr Leben nicht nur schöner, sondern Sie werden zu einem besseren Verkäufer.

> **Nehmen Sie Haltung an**
>
> - Ob der Tag ein guter oder ein mieser wird, entscheiden in erster Linie Sie selbst, nicht das Wetter oder die Laune eines anderen Menschen.
> - Ihre Einstellung zum Tag, zu Ihrem Job, zu Ihren Kunden beeinflusst Ihr Verhalten und wie Sie auf andere wirken.
> - Warten Sie nicht, was die Welt für Sie tun kann – tun Sie etwas für die Welt.
> - Das, von dem Sie überzeugt sind, wird auch passieren – das nennt man selbsterfüllende Prophezeiung. Diese Wirkweise gilt sowohl für positive wie auch für negative Prophezeiungen.
> - Entscheiden Sie sich für ein positives Weltbild!

2

Alles Leben ist Veränderung

> Über die Herausforderung, uns zu verändern. Warum es sich lohnt, sich ihr zu stellen. Was unser Verhalten prägt und wie es uns gelingt, etwas in unserem Leben zu verändern, das uns unzufrieden macht.

Max ist 15 und hat vor Kurzem eine Bäckerlehre begonnen. Sein Chef, Bäckermeister Müller und seit Jahrzehnten voller Leidenschaft für sein Brot und Gebäck, hat ihm bereits die Rührmaschine, den Ofen und die anderen Geräte gezeigt. Nun erklärt er ihm die besondere Rezeptur des Sauerteigs. Max hört zu und beobachtet, wie der Chef die Zutaten abwiegt, den Teig zubereitet, die Laibe formt und schließlich in den Backofen schiebt.

Nach einiger Zeit darf er selbst ran. Genau nach Rezept versucht er, die Handgriffe von Bäckermeister Müller nachzumachen. Doch der Versuch misslingt.

„Weißt Du noch, wie lange Du den Teig hast kneten lassen?" fragt ihn der Chef.

2 Alles Leben ist Veränderung

Max runzelt die Stirn. „So lange wie Sie es mir gesagt haben ... glaube ich". Auf genaue Nachfrage kann Max dem Bäckermeister in der Theorie alle Schritte aufzählen, ob er sie allerdings dann auch so umgesetzt hat, weiß er nicht genau. Er versucht es noch einmal, aber auch der zweite Versuch geht schief.

„Ist nicht so schlimm", sagt der Chef und beginnt mit seinen Erklärungen von vorn. Max seufzt. Das weiß er doch schon!

Als um drei Uhr nachts der nächste Arbeitstag beginnt, klopft ihm der Chef auf die Schulter. „Komm Max", sagt er, „heute versuchst du es noch einmal." Also stellt Max sich wieder an die Maschinen. Als er sein Brot aus dem Ofen holt, ist es flach wie eine Pizza. Der Chef schüttelt den Kopf. „Max", sagt er, „so wird das nichts. Irgendetwas machst du falsch. Komm, ich zeige es dir noch einmal. Du musst eben besser zusehen."

Doch Max kann an den Handgriffen und Erklärungen beim besten Willen nichts entdecken, das er nicht schon kennt. Ein wenig genervt versucht er es wieder und wieder, mal mehr, mal weniger konzentriert. Doch entweder ist das Brot flach wie Flunder, hart wie Stein oder schwarz wie Kohle. Während sein Chef duftende, knusprige Semmeln, Brezen, Laibe und Brötchen zaubert, holt Max ein misslungenes Stück nach dem anderen aus dem Backofen. Er fühlt sich mehr und mehr unwohl in seinem Job. Von der Idee, Bäcker zu werden, ist er so weit entfernt wie der Zuckerhut von der Sachertorte.

„Das gibt es doch nicht!", ruft händeringend der Bäckermeister. „Wie um alles in der Welt bist du auf die Idee gekommen, ausgerechnet Bäcker werden zu wollen?" Max zuckt mit den Schultern. Das weiß er ganz genau, es war sein Vater, der ihm die Lehrstelle organisiert hat, nachdem sein Wunsch, Mechaniker zu werden, mangels passendem Lehrmeister in der Nähe nicht erfüllt werden konnte. Aber das kann er seinem Chef doch nicht sagen!

Auf dem Heimweg grübelt er weiter. Was soll er bloß tun? Er möchte seinen Chef nicht vor den Kopf stoßen und seine Eltern nicht enttäuschen. Und überhaupt: Vor ein paar Monaten hat er diese Lehre begonnen – wenn er nun umsattelt, muss er ganz von vorne anfangen. Darauf hat er auch keinen Bock. Viel zu anstrengend, etwas zu verändern! Da macht er dann doch lieber weiter hier beim Bäcker. Ist ja egal. Besser ein schlechter Bäcker sein, als gar keinen Job zu haben.

2.1 Wenn das nicht so anstrengend wäre

Es gibt einen Spruch, der sagt: „Es gibt 1000 Gründe, die Dinge so zu lassen, wie sie sind – und nur einen, sie zu verändern: Du hältst es nicht mehr aus." Solange es irgendwie geht, hält man vieles aus. Wir nehmen ein gewisses, stetiges Quantum Leiden offenbar lieber in Kauf, als sich die Mühe der Veränderung zu machen. Wir Menschen sind Meister im Verdrängen und verstehen es, die Dinge lieber schönzureden, als die Ärmel aufzukrempeln. Und doch gibt es einen Punkt, an dem man sich fragen muss, ob die Energie, die man ins Verdrängen steckt, nicht besser in eine Veränderung investiert ist, mit der Aussicht, dass danach alles viel leichter geht.

Für manche ist dieser Punkt erst erreicht, wenn nichts mehr geht. Wenn der Druck zu groß ist oder sie mit dem Rücken zur Wand stehen. Wenn sie ihren Job wegen schlechter Leistungen verlieren oder vor lauter Frust ins Burn-out schlittern. Denn dann **muss** etwas verändert werden, ob man will oder nicht. Das ist eine sehr passive Denkweise, die der uns angeborenen Trägheit geschuldet ist. Anstatt aktiv zu agieren und Neues zu gestalten, warten wir, was passiert. Dann erst reagieren wir und sehen die Veränderung als notwendiges Übel an.

> **Festgehalten**
> Die Energie, die Sie ins Festhalten von alten Gewohnheiten stecken müssen, ist viel besser in eine Veränderung investiert.

Doch alles Leben ist Veränderung. In dem Moment, wo sich absolut nichts mehr verändert, sind wir am Ende des Lebens angelangt. Solange wir am Leben sind, passieren laufend Veränderungen, ob geistig, psychisch oder physisch. Das ist also ein ganz natürlicher Vorgang, immanent mit der Lebendigkeit verknüpft. Mit jedem Seminar, an dem wir teilnehmen, verändern wir unseren Wissensstand. Mit jedem Arbeitsschritt verändern wir unser Können. Jede noch so langsame und kurze Jogging-Runde verändert unsere Muskeln und unsere Durchblutung und wir werden ein kleines Stückchen fitter. Selbst das gute Gespräch mit der Liebsten verändert etwas zum (hoffentlich) Guten für die Beziehung und die gemeinsame Zukunft. Sie sehen: Es gibt nichts, bei dem sich nichts verändert. Veränderung ist kein notwendiges Übel, sondern Teil des normalen Alltags.

Warum also nicht gleich bewusst und aktiv angehen, was sich ändern soll? Wir sind der Meinung, dass das Leben dann ordentlich an Qualität gewinnt, wenn man rechtzeitig an den Stellrädern des Lebensglücks dreht, und nicht erst, wenn man von Selbstzweifeln und chronischem Frust gequält wird. Wenn man also nicht erst mit dem Rücken zur Wand steht, wo einem gar nichts anderes mehr übrig bleibt, als etwas zu verändern, sondern schon viel früher, wenn die Notwendigkeit zur Veränderung ein erstes Zeichen von sich gibt. Es lohnt sich, schon bei den ersten Anzeichen von Misserfolg eine Bestandsaufnahme zu machen. Was läuft gut, was nicht? Freut es mich, meine Produkte oder Dienstleistungen zu verkaufen? Nerven mich meine Kunden? Oder gar die Arbeit generell? Wenn Sie rechtzeitig etwas verändern, und zwar weil Sie es **wollen,** ist alles weniger anstrengend. Versprochen!

> **Festgehalten**
> Das Leben gewinnt ordentlich an Qualität, wenn Sie rechtzeitig und aktiv verändern, was nicht mehr gut passt.

2.2 Was unser Verhalten prägt

Wenn Sie sich als Verkäufer nicht wohlfühlen, muss das aber noch lange nicht heißen, dass Sie Ihren Beruf an den Nagel hängen und einen anderen wählen müssen. Denn möglicherweise liegt Ihnen der Verkauf ja sehr wohl, nur Ihre Einstellung dazu ist der Freude nicht zuträglich. Vielleicht sind Sie auch gar nicht „von Beruf" Verkäufer, sondern sind selbstständig und müssen Ihre Leistungen an den Mann oder die Frau bringen. Selbstständige gründen normalerweise ein Unternehmen, weil sie Spezialist auf einem Gebiet sind, und nicht, weil sie begnadete Verkäufer sind. Dass sie ihre Leistung auch verkaufen müssen, stufen sie wie die monatliche Buchhaltung als notwendiges Übel ein und reden

2.2 Was unser Verhalten prägt

sich mantra-artig immer wieder ein: Ich kann nicht verkaufen, ich bin ein schlechter Verkäufer. Denken Sie über Ihre Haltung nach, bevor Sie sich beim nächsten Seminar zum Thema „Telefonakquise" anmelden. Es könnte sein, dass es gar nicht an Ihrer mangelnden Kompetenz liegt, sondern daran, dass Sie das Verkaufen aus irgendeinem Grund abwerten und ablehnen.

Denn Ihr Verhalten wird nicht nur von Ihrer Kompetenz beeinflusst, sondern von mehreren Faktoren. Sie lassen sich auf vier Ebenen darstellen (vgl. Abb. 2.1).

Da wäre einmal das **Umfeld,** in dem Sie sich befinden. In jeder Situation haben Sie mit bestimmten Menschen zu tun, mit denen Sie interagieren. Gäbe es keine Menschen weit und breit, wäre niemand da, der etwas von Ihnen kaufen möchte. Sie befinden sich an einem bestimmten Ort mit unterschiedlicher Beschaffenheit. Es macht einen Unterschied, ob Sie ein Verkaufsgespräch an einem ruhigen Ort führen oder in einem lauten Fast-Food-Restaurant. Auch die Werkzeuge, die Ihnen zur Verfügung stehen, sind Teil des Umfelds, ebenso

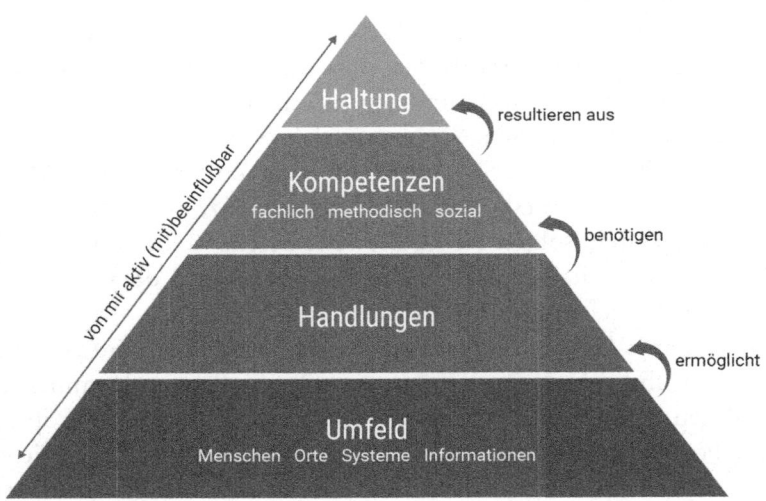

Abb. 2.1 Die vier Ebenen der Verhaltensbeeinflussung. (Quelle: Weiterentwickelt nach dem Konzept der „Logischen Ebenen" von Robert Dilts. Mit freundlicher Genehmigung von © Robert Dilts 2017)

Informationen, die Sie brauchen, um arbeiten zu können. All das kann sich auf Ihr Verhalten auswirken. Eine laute Umgebung könnte Sie zum Beispiel nerven, daher sind Sie gestresst und wirken auf Ihre Kunden unwillig und ungeduldig – und das wiederum kann sich negativ auf Ihren Verkaufserfolg auswirken.

Alles aus dem Umfeld steht Ihnen zur Verfügung, um bestimmte **Handlungen** zu setzen. Ohne Arbeitgeber, ohne Unternehmen, ohne Kunden, Computer oder Informationen könnten Sie nicht das tun, was in Ihrem Job täglich anfällt: telefonieren, Kundendaten einpflegen, Waren in Regale schlichten, Gespräche führen und vieles andere mehr. Je nach den Hilfsmitteln, die Sie zur Verfügung haben, gestalten Sie Ihre Handlungen. Fällt zum Beispiel das Internet ständig aus, werden Sie in Kundengesprächen, bei denen der Computer ein wichtiger Informationslieferant ist, anders handeln, als wenn alles reibungslos läuft. Die Qualität dieser Handlungen hängt wiederum von Ihren **Kompetenzen** ab. Sie brauchen zum einen die fachliche Kompetenz – Sie müssen Ihre Produkte und den Markt kennen – und zum anderen die Methodenkompetenz – Sie müssen Verkaufsgespräche und Verhandlungen führen können oder das Prozedere einer Kundenreklamation verstehen. Diese beiden Kompetenzen, auch Fertigkeiten genannt, können Sie sich durch Schulungen aneignen, indem Sie Bücher lesen und mit Profis sprechen.

Darüber hinaus brauchen Sie auch soziale Kompetenz. Wenn Sie gut verkaufen wollen, müssen Sie sich für Menschen interessieren und gerne mit ihnen aktiv in Kontakt sein. Diese Kompetenz, man nennt sie auch soziale Fähigkeiten, sollten Sie idealerweise bereits in ihren persönlichen Rucksack gepackt haben, denn sich diese anzueignen oder sogar anzulernen braucht viel Kraft und Ausdauer.

Wie Sie mit Ihren Kompetenzen jedoch umgehen, wird in hohem Maße von Ihrer **Haltung** beeinflusst. Ob Sie einen Hammer zum Einschlagen eines Nagels verwenden oder zum Zerstören eines Spiegels, ist eine Frage Ihrer persönlichen Werte. Im Verkauf bedeutet das: Sie können noch so ausgefeilte Leitfäden für ein Erstkundengespräch haben – wenn Sie die Punkte ohne großem Interesse an den Antworten Ihres Kunden abarbeiten und ihm kein einziges Mal in die Augen schauen, werden Sie trotzdem nicht erfolgreich sein.

2.2 Was unser Verhalten prägt

> **Festgehalten**
> Verhalten wird nicht nur durch Fähigkeiten und Fertigkeiten geprägt, sondern auch vom Umfeld und Ihren Handlungen – allem voran von Ihrer inneren Haltung.

Auf der Ebene der Haltung sind Ihre ganz persönlichen Werte angesiedelt. Wofür stehen Sie, was ist Ihnen im Leben wichtig, was sind Ihre persönlichen Grundsätze, nach denen Sie handeln? Ist Ihnen Gerechtigkeit ein hohes Gut, dann hassen Sie es, über den Tisch gezogen zu werden. Sind Sie ein spontaner Mensch, dann fällt es Ihnen bestimmt leicht, sich in neuen Situationen rasch zurechtzufinden. Betrachten Sie Sicherheit als einen wichtigen Wert, dann brauchen Sie geregelte Abläufe und Strukturen, die sich nur selten ändern. Nur wenn Ihre Werte zu Ihrem Job passen, können Sie erfolgreich und zufrieden sein.

Kehren wir zurück zu Max, unserem Bäckerlehrling, um diese Theorie zu veranschaulichen. Max befindet sich in einem Umfeld, in dem alles passt: die Bäckerei, die für die Produktion notwendigen Geräte und Rohstoffe, ein Meister, der ihm bereitwillig alles erklärt. Dank seinem Chef kennt er alles, von der Funktionsweise des Ofens bis zum Rezept. Der Bäckermeister hat ihm auch die Arbeitsschritte gezeigt, sodass er auch alle Handlungsabfolgen kennt, um Brot zu backen. Nach einigen Versuchen kennt er diese Handgriffe nicht nur theoretisch, sondern er könnte sie auch umsetzen. Nicht nur von seinem Chef, auch in der Schule lernt er nach und nach die fachlichen und methodischen Kompetenzen für seinen Beruf. Auch Max' soziale Kompetenz ist grundsätzlich gut, er ist freundlich und lernbereit und kommt mit seinem Chef gut aus.

An all dem kann es also nicht liegen. Zum Glück ist Bäckermeister Müller ein kluger Mann und besinnt sich eines Spruchs von Albert Einstein: „Ein Problem kann man nie auf derselben Ebene lösen, auf der es entstanden ist." Das Umfeld passt, die Handlungen sind bekannt, Kompetenzen sind vorhanden – also kann es nur an der Haltung liegen, die Max am Backen knusprigen Brots hindert. „Warum möchtest du eigentlich Bäcker werden?", fragt er ihn also. Der junge Mann druckst herum, doch sein Chef bleibt hartnäckig, also sagt er schließlich ganz kleinlaut: „Ich wäre eigentlich viel lieber Automechaniker geworden. Doch mein Vater hat keine passende Stelle gefunden, nur diese Bäckerlehrstelle. Und deshalb muss ich jetzt Bäcker lernen." Es stellt sich heraus, dass er außerdem große Schwierigkeiten hat, mitten in der Nacht aufzustehen und zur Arbeit zu gehen. In der Bäckerei leidet er an der großen Hitze, die der Ofen ausstrahlt. Und – ganz ehrlich – findet er es wenig cool, Brot zu backen. Was ist das schon gegen die anerkennenden Blicke seiner Freunde, wenn er wieder einmal an seinem Moped herumgebastelt und es neu getunt hat! Kein Wunder also, dass ihm das Bäckerhandwerk nicht gut von der Hand geht. Es wäre wohl besser, wenn er seinen Werten nachgeht und auf Mechaniker umsattelt. Dieser Beruf dürfte wohl besser zu seiner Haltung passen.

> **Festgehalten**
>
> Wenn der Job keine Freude bereitet, gibt es mehrere Stellschrauben, an denen Sie drehen können. Ihre Einstellung zum Verkauf zu hinterfragen, ist sehr oft der Generalschlüssel, der den Weg zu neuen Optionen öffnet.

Genauso ist es in Ihrem Job: Wenn Sie als Verkäufer keine rechte Freude an Ihrer Aufgabe haben, dann werden Sie nur halbherzig handeln. Ohne Begeisterung werden Sie sich nicht voll ins Zeug legen und nicht erfolgreich sein. Der mangelnde Erfolg wiederum nährt Ihre Unlust – und so zieht Sie der Teufelskreislauf immer weiter hinunter.

2.3 Mut, Wille und ein attraktives Ziel: Das Feuer, das Ihren Motor antreibt

Alles beim Alten zu lassen, das ist bequem. Max handelt so, wie es viele Menschen tun: Er spürt, dass er im falschen Job ist und dass er etwas ändern müsste. Doch Veränderung ist mit Komplikationen verbunden – er würde den Bäckermeister verärgern, der sich einen neuen

2.3 Mut, Wille und ein attraktives Ziel ...

Mitarbeiter suchen müsste, sein Vater wäre enttäuscht und er müsste jedem, dem er von seinem Jobwechsel erzählt, den Grund erklären. Eine neue Stelle müsste er natürlich auch suchen, was wiederum verbunden ist mit Zeitungsannoncen lesen, Bewerbungen schreiben und abschicken, Vorstellungsgespräche führen. Das ist ganz schön viel Arbeit und kostet viel Energie.

Um etwas verändern zu können, brauchen Sie also schon etwas Feuer, das Ihnen die nötige Kraft zum Anpacken gibt. Die wichtigsten Energiespender sind aus unserer Überzeugung: Mut und der absolute Wille, ein größeres, übergeordnetes Ziel zu erreichen – ein Ziel, das Sie wirklich anziehend und erstrebenswert finden. Um dieses Ziel in Angriff zu nehmen, müssen Sie etwas von Ihrer geliebten Bequemlichkeit investieren, soviel ist klar. Doch wenn Sie wissen, dass am Ende dieses tolle Ziel Ihr Leben bereichert, dann sind Sie bereit dazu und es wird klappen.

> **Festgehalten**
>
> Die Zutaten für eine gelungene Veränderung sind vor allem Mut und der Wille, ein bestimmtes, attraktives Ziel zu erreichen und dadurch dauerhaft zufrieden und glücklich zu sein.

Im Rahmen unserer Seminartätigkeit veranstalten wir unter anderem Feuerläufe, um unseren Teilnehmerinnen und Teilnehmern genau diese Ingredienzien der Veränderung näherzubringen. Bei einem Feuerlauf bauen sie unter unserer Anleitung einen acht Meter langen Holzstapel und zünden ihn an. Wenn das Holz ausreichend niedergebrannt ist, kommt der Höhepunkt, um den es geht: barfuß über die glühenden Kohlen zu laufen. Selbstverständlich gibt es von unserer Seite eine entsprechende Vorbereitung.

Kaum etwas katapultiert einen mehr aus der Komfortzone heraus als so ein Feuerlauf. Es ist nicht nur ein Schritt, sondern ein gewaltiger Hechtsprung, den unsere Teilnehmerinnen und Teilnehmer dabei machen. Trotzdem schaffen sie es – weil sie den **Willen** dazu entwickelt haben. Wenn wir der Seminargruppe zu Beginn sagen, dass sie in einigen Stunden heute über glühenden Kohlen laufen werden, sagt ihnen der Verstand, dass es unmöglich sei, unverletzt diesen Höllenweg zu überstehen. Die erste Reaktion ist daher häufig, sich zu weigern. Manche Teilnehmer zücken ihr Smartphone und schlagen im Internet nach. Wikipedia klärt sie auf, dass es sehr wohl eine physikalische Logik gibt, die erklärt, wie es möglich ist, diesen Weg ohne Verbrennungen zu überstehen. Doch es hilft im Grunde keine noch so plausible rationale Erklärung. Über glühende Kohlen geht man nur, wenn man den absoluten Willen dazu hat. Das ist der wahre Motivator.

Stehen die Teilnehmer dann direkt vor der Glut und schlägt ihnen die Hitze entgegen, entscheiden Bauch und Kopf, ob genügend **Mut** da ist, um diese Herausforderung durchzustehen. Sie wagen es trotz der Befürchtung, dass es schmerzen könnte. Sie gehen los und kommen heil an – weil sie fokussiert genug sind und den Mut aufbringen, sich dieser Situation zu stellen. Allein der hoffnungsvolle Ausblick in die bessere Zukunft lässt uns Menschen mutig genug sein, um sich einer Situation zu stellen, die man fürchtet oder die schwierig zu bewältigen ist. So könnte man Mut definieren: als einen inneren Antrieb, im Angesicht eines attraktiven Ziels etwas zu wagen und dabei auch Schwierigkeiten, möglicherweise sogar das Scheitern in Kauf zu nehmen.

Der Philosoph Lucius Annaeus Seneca sagte: „Wer den Hafen nicht kennt, in den er segeln will, für den ist kein Wind der richtige." Beim Feuerlauf bereiten wir die Teilnehmerinnen und Teilnehmer mental vor, indem jeder für sich ein ganz persönliches **Ziel** steckt, auf das er sich während des Laufs fokussieren kann. Ohne Ziel gibt es keinen Willen und keine Motivation und es käme nichts in Bewegung. Deshalb braucht jeder Mensch Ziele, ob er sie nun bloß als Orientierung braucht oder ganz konkret, um am Ende seinen Erfolg zu messen.

> **Festgehalten**
> Letztlich ist es eine Frage des Willens, ob Sie eine Veränderung herbeiführen wollen oder nicht. Nämlich jenen Willen, ein bestimmtes Ziel zu erreichen und erfolgreich zu sein. Dann kann Sie niemand mehr aufhalten.

2.4 Die richtigen Stellschrauben finden

Vielleicht denken Sie jetzt: „Du liebe Zeit, muss ich denn erst über glühende Kohlen gehen lernen, bevor ich bereit bin für Veränderung?" Nun, wir freuen uns natürlich, wenn Sie an einem unserer Feuerläufe teilnehmen möchten. Jedenfalls sollten Sie nicht in Eigenregie handeln und in Ihrem Garten einen Stapel Holz anzünden, sondern sich in speziell dafür geschulte Hände begeben. Doch vorher lesen Sie lieber dieses Buch zu Ende. Denn wenn Sie zu einem begeisterten, leidenschaftlichen Verkäufer werden wollen, finden Sie hier bestimmt viele Möglichkeiten und Stellschrauben, an denen Sie drehen können. Sehr oft erleben wir in unserer Arbeit, dass es an einem falschen Verständnis zum Verkaufen liegt. Deshalb haben wir auch dieses Buch geschrieben. Es gibt viel zu viele Vorurteile gegenüber unserem Beruf, die uns den Blick auf diese schöne Tätigkeit verstellen.

Wir laden Sie dazu ein, die verschiedenen Stellschrauben auszuprobieren. In den folgenden Kapiteln gehen wir auf das Phänomen Klischee und Vorurteil ein und räumen auf mit falschen Haltungen. Versuchen Sie, ganz ehrlich herauszufinden, welchen dieser vorgefassten Meinungen Sie immer wieder auf den Leim gehen. Mit jedem der Vorurteile haben Sie eine Stellschraube zur Hand, um an Ihrer Haltung zu drehen.

Außerdem werden Sie feststellen, dass das Verkaufen gar nicht so schwierig ist, wie Sie immer dachten. Denn das ist unsere Überzeugung aufgrund langjähriger Erfahrung: Im Grunde ist Verkaufen eine Tätigkeit, die wir viel öfter tun, als wir glauben, auch im privaten Leben, ganz unkompliziert. Wenn Sie am Ende des Buchs überzeugt sind, einen tollen Job zu haben, dann bringt Ihnen das garantiert Erfolg und mehr Freude im Beruf – und damit auch im Leben. Schließlich nimmt Ihr Beruf viele Stunden Ihres Lebens in Anspruch.

Nehmen Sie Haltung an

- Veränderung fällt uns deshalb so schwer, weil uns der Status quo vertraut und bequem erscheint. Machen Sie sich bewusst, wie sehr Sie es sich in Ihrer Komfortzone gemütlich machen. Sind Sie bereit, aus ihr herauszutreten und neue, unbekannte Wege zu beschreiten?
- Ihr Verhalten wird von vier Parametern geprägt: Umfeld, Handlungen, Kompetenzen und Ihre innere Haltung. Wenn es in Ihrem Job hakt, dann hakt es auf einer dieser vier Ebenen. Lösen Sie das Problem, indem Sie die darüber gelagerte Ebene betrachten. Fast immer ist es die Haltung, bei der es hakt.
- Um eine Veränderung bei sich selbst tatsächlich zu bewirken, brauchen Sie den absoluten Willen und den Mut, durch erstrebenswerte Ziele einen dauerhaften Zustand der Zufriedenheit zu erreichen.
- Finden Sie die richtigen Stellschrauben, damit Sie ganz konkret wissen, wo Sie etwas bei sich verändern wollen.

Literatur

Dilts R (o. J.) http://nlpportal.org/nlpedia/wiki/Logische_Ebenen. Zugegriffen: 22. Mai 2017

3

Warum Klischees und Vorurteile uns leiten

> Um seine Haltung zu verändern, muss man das eigene Denken und Handeln an die Oberfläche bringen. Denn nur, was man bewusst wahrnimmt, kann man auch verändern. Über den Sinn und Unsinn von Klischees und Vorurteilen – und wie man an ihnen arbeiten kann.

Herr Babic schließt die Tür seines Kleinlasters ab, steckt den Schlüssel in die Tasche seines Blaumanns und geht eiligen Schrittes Richtung Bankfiliale. Wenn er daran denkt, was ihn jetzt gleich erwartet, bekommt er auf der Stelle schlechte Laune. Er braucht einen Kredit. Bei zwei Banken hat er schon gefragt, beide haben ihn abblitzen lassen, keiner hat ihn ernst genommen. Das ist wirklich äußerst ärgerlich. Eine Frechheit, genau genommen. Bei dieser einen Bank versucht er es noch – obwohl: Er glaubt nicht mehr wirklich daran, dass er Erfolg hat. Die sind ja doch alle gleich. Schauen wir, was diesmal passiert, denkt er. Vermutlich werden sie wieder einen Wucherzins verlangen. Nur weil ich am Bau arbeite, versuchen sie, mich über den Tisch zu ziehen. Das ist nicht in Ordnung!

Er betritt die Bankfiliale und steuert auf eine Bankangestellte zu. „Ich brauchen Kredit", sagt er.

Die Bankangestellte nickt und blickt sich um. Ihr Kollege, Herr Kratochwil, ist gerade frei, so ein Glück. „Darf ich Sie zu Herrn Kratochwil weiterbitten? Das ist unser Profi." Sie ist erleichtert, als Herr Babic dankt und auf ihren Kollegen zusteuert.

Herr Kratochwil sieht, wie der Kunde auf ihn zukommt. „Oje", denkt er, „der wird doch wohl keinen Kredit haben wollen." Er reicht ihm die Hand und bietet ihm einen Platz an seinem Schreibtisch an. Sie stellen sich vor.

Babic, denkt Herr Kratochwil, klarer Fall von Migrationshintergrund, das sagt ja schon der Name und auch sein Akzent. Er atmet einmal tief durch, währenddessen eine ganze Kaskade an Gedanken durch sein Gehirn rattert. Schlechtes Deutsch, mittelalt, der Blaumann deutet darauf hin, dass er wohl Bauarbeiter mit wenig Einkommen ist – das wird schwierig! Doch weil er Profi ist, bleibt er höflich.

„Wie kann ich Ihnen helfen, Herr Babic?", fragt er.

„Ich brauchen Kredit", wiederholt Herr Babic seinen Wunsch und versucht, aus Herrn Kratochwils Gesicht abzulesen, was ihn nun erwartet.

„Wunderbar", sagt Herr Kratochwil, „wir haben genug Geld, das wir gerne verleihen. Was ist denn der Finanzierungsgegenstand?"

„Ich verstehe nicht."

„Wofür brauchen Sie das Geld?"

„Ach so. Ich möchte mir ein Auto kaufen." Herr Kratochwil unterdrückt ein Seufzen. Das wird wohl kein Geschäft werden.

„Wie viel Geld brauchen Sie denn?"

„80.000 Euro."

Für Herrn Kratochwil war die Sache hiermit erledigt. Ein Hilfsarbeiter am Bau, wahrscheinlich fünf Kinder und ein Haus in Bosnien oder Serbien, wohin er vermutlich sein geringes Einkommen eins zu eins hinunterschickt. Mit der Zahlungsmoral solcher Menschen hat er zwar gute Erfahrungen – doch seine Kollegen in der Kreditabteilung würden ihn fragen, ob er nicht ganz bei Sinnen ist, würde er ihm einen Kredit gewähren. Insgeheim hakt er diesen Kunden also ab, doch weil er ein freundlicher Mensch ist und er gerade Zeit hat, spricht er weiter.

„Gut, das wird eine Herausforderung. Wie viel wollen Sie denn selbst für das Auto ausgeben?"

„Gar nichts."

3 Warum Klischees und Vorurteile uns leiten

Das hat sich hiermit noch mehr erledigt, denkt Herr Kratochwil. Und nur, weil es ihn interessiert, welches Auto in dieser Preiskategorie wohl hier im Fokus steht, fragt er danach.

„Jaguar F-Type", sagt Herr Babic, als wäre das die selbstverständlichste Sache der Welt.

Herr Kratochwil, selbst ein Autonarr, traut seinen Ohren nicht. Ein F-Type? Von null auf hundert in 3,7 s, Höchstgeschwindigkeit 322 km/h, 3 L, 340 PS? Na, sicher doch. Was macht dieser Mensch mit so einem Auto? Trotzdem stellt er Herrn Babic noch ein paar Fragen, er ist schließlich Profi, dem nichts ferner liegt, als einen Kunden einfach so abzukanzeln.

„Darf ich die Wahrheit sagen?", wechselt Herr Babic schließlich das Thema. „Ich brauchen eigentlich gar keinen Kredit. Sie bekommen mich als Kunden, weil ich wechsle meine Firmenkonten zu Ihnen. Ich bekomme von Ihnen 80.000 Euro Kredit, Sie bekommen Wertpapiere als Sicherheit dafür. Ich brauche das für meine Firma und für die Steueroptimierung."

Und dann kommt Herr Kratochwil aus dem Staunen nicht mehr heraus. Denn dieser „Hilfsarbeiter" ist ein Unternehmer, der seit 20 Jahren höchst erfolgreich einen Betrieb für Reparatur und Instandhaltung von kleineren Baustellenmaschinen betreibt und fünf Mitarbeiter angestellt hat. Aus dem „Bonitätsproblem", das Herr Kratochwil im Kopf hatte, wurde ein Kunde, der ein höchst lukratives Unternehmen hat.

Mit ein wenig schlechtem Gewissen in der Magengegend, weil er diesen Kunden in eine völlig falsche Schublade gesteckt hat, führt Herr Kratochwil das Verkaufsgespräch weiter. Die beiden werden schließlich handelseins.

Nachdem der Unternehmer den Kreditantrag unterschrieben hat und sie einen weiteren Termin vereinbart haben, muss Herrn Kratochwil sein Gewissen beruhigen.

„Herr Babic, darf ich ganz offen zu Ihnen sein? Ich habe mich zu Beginn unseres Gesprächs total geirrt. Ich habe Sie völlig falsch eingeschätzt. Ich muss mich entschuldigen!"

„Wissen Sie", sagt darauf Herr Babic, „das passiert mir öfter. Und ich habe Sie auch falsch eingeschätzt. Ich habe geglaubt, Sie werden mich bestimmt über Tisch ziehen."

3.1 Schubladendenken

Verkäufer sind aufdringlich, laut und extrovertiert, sie manipulieren und ziehen einen über den Tisch, immer auf die fette Provision bedacht, die sie bei jedem Verkaufsabschluss einstreifen. Im Dienstleistungsbereich tragen die männlichen Verkäufer Krawatte und Anzug, eine Aktentasche in der Hand und ein Bleeching-Lächeln im Gesicht. Die weiblichen haben top-gestylte Frisuren und stöckeln mit Kostümchen und einer etwas zu üppigen Parfum-Wolke durch die Gegend. Im Einzelhandel findet man (wenn man sie überhaupt findet) zwei Typen: Der eine überfällt einen gleich bei der Eingangstür und lässt einem keinen Spielraum zum Stöbern und Gustieren. Der andere glänzt durch Abwesenheit und versteckt sich geschickt zwischen Kleiderstangen, Regalen und Aktions-Werbeaufbauten.

So geht es weiter mit Klischees in unserem Leben: Arbeitslose sind faul und bereichern sich am Sozialstaat; Banker sind geldgierig; Politiker sind korrupt und nur auf ihren eigenen Vorteil aus. Frauen telefonieren stundenlang und können kochen, und Männer verstehen etwas von Technik und sind handwerklich geschickt. Vorurteile sind fixer Bestandteil unserer Psyche und machen vor fast niemandem Halt. Sie führen zu Schubladendenken und heimlichen Anfeindungen bis hin zur tatsächlichen Diskriminierung. Moderne Medien wie Facebook tun ihr Übriges, um diesen Effekt noch zu verstärken: Negative Vorurteile werden noch rascher verbreitet als vor wenigen Jahren. Leider gilt der Grundsatz: Je radikaler die Botschaft, desto mehr Aufmerksamkeit bekommt ein Posting. Wird es häufig geteilt, spricht man ihm eine höhere Relevanz zu – so viele Menschen können doch nicht irren! Auf diese Weise kann aus einer Mücke ein Elefant werden und aus einer kundgetanen Meinung ein handfestes Vorurteil.

3.2 Der Sinn von Vorurteilen

Der Fairness halber muss man aber sagen, dass sie nicht nur von Nachteil sind. Wir wollen doch kein Vorurteil gegenüber Vorurteilen haben und sie alle in einen Topf werfen! Denn ganz neutral betrachtet sind sie eine Einrichtung der menschlichen Natur, die höchst sinnvoll ist. Sie helfen uns, Komplexität und Unsicherheit zu reduzieren. Mit ihrer Hilfe können wir viel schneller reagieren und Gefahren abwehren. Sie sorgen dafür, dass wir unser Gehirn weniger strapazieren müssen, indem wir nicht jede einzelne Situation ausgiebig analysieren müssen, um uns für eine bestimmte Handlung zu entscheiden. Das Vorurteil hilft uns, effizient zu sein und somit Energie zu sparen.

Wir Menschen trachten danach, Unsicherheit zu meiden. Das ist überlebenswichtig. Je schneller wir eine Situation erfassen können, desto besser. Wenn Sie bei Dunkelheit durch einen verlassenen Park gehen und es kommt Ihnen jemand entgegen, der ein Messer in der Hand hält, hilft Ihnen Ihr Vorurteil „Männer mit Messer in der Hand sind gefährlich" enorm weiter. Sie werden schnell einen alternativen Weg suchen, um nicht an ihm vorbei zu müssen. Selbstverständlich hätte es auch sein können, dass dieser Mann nur deshalb ein Messer in der Hand hält, weil er sich damit einen Apfel schälen will. In diesem Fall hätten Sie ihm Unrecht getan. Dennoch: Aus evolutionären Gesichtspunkten ist es besser, einen Bogen um einen harmlosen Menschen zu machen, als einem Bösewicht sehenden Auges ins Messer zu laufen. Entscheidend für Ihr rasches Handeln ist also nicht die tatsächliche Gefahr, sondern es sind die Bilder, die Sie im Kopf gespeichert haben. Sie dienen als Interpretationshilfen und sind in diesem Sinn gute Orientierungspunkte, wenn es schnell gehen muss.

Der Philosoph Max Horkheimer sagte einmal: „Im Dschungel der Zivilisation reichen angeborene Instinkte noch weniger aus als im Urwald. Ohne die Maschinerie der Vorurteile könnte einer nicht über die Straße gehen, geschweige denn einen Kunden bedienen." Jeder Mensch hat das Bedürfnis, die Welt zu beurteilen. Das wäre ohne Vorurteile nicht möglich.

> **Festgehalten**
>
> Vorurteile vereinfachen Ihre Welt. Oft aber vereinfachen sie so sehr, dass Ihr Leben dadurch komplizierter wird.

3.3 So entstehen Klischees

Die Schablonen des menschlichen Denkens bilden sich schon früh und sind Teil unserer Entwicklung. Kinder lernen von ihren Eltern und anderen Bezugspersonen, die Welt zu verstehen. Sie ordnen in Gut und Böse, Schwarz und Weiß. Mädchen sind lieb und kichern. Jungs sind wild und weinen nicht. Diese Vorurteile dienen nicht zuletzt auch als Vorbild. Als Mädchen hat man kein Wildfang zu sein, und ein Junge, der immer freundlich lächelt und jeder Rauferei aus dem Weg geht, ist ein „Mädchen". Ob das immer gut ist, sei dahingestellt.

Und so geht es auch im Erwachsenenleben weiter. Wissen und Erfahrungen werden abgespeichert, kategorisiert und mit vorhandenen Schablonen verknüpft. Der Chef ist ein Choleriker und unfair? Klar, das sind sie doch alle! Und so unterstellen wir anderen, was wir als vorgefertigte Konzepte im Kopf haben: Ach, diese Österreicher mit ihrer Titelsucht. Schotten sind sehr sparsam. Politiker sind korrupt. Verkäufer wollen einen nur manipulieren.

Vorurteile sind ungerecht, weil sie auch die spendablen Schotten, die ehrlichen Politiker und die wirklich engagierten Verkäufer in dieselben Töpfe werfen wie ihre wenig sympathischen Exemplare. Im Grunde sind sie aber ein Trick des Gehirns, um bei der Informationsverarbeitung Zeit und Energie zu sparen. Sie sind „Übergeneralisierungen unseres Gehirns", sagt Martin Korte (Zeug 2013), Hirnforscher an der TU Braunschweig. Wie sie entstehen, damit haben sich schon viele Forscher beschäftigt, unter anderem der in den USA forschende Arie Kruglanski (Rettig 2012). Er sagt, dass erstens nicht alle Menschen gleich empfänglich sind für Vorurteile und zweitens es unterschiedliche Motive gibt, weshalb sich jemand Vorurteile zurechtlegt – unbewusst natürlich. Er identifiziert fünf Motive:

1. Der Wunsch nach Ordnung: Wer Chaos nicht mag, möchte Komplexität reduzieren. Jedes Vorurteil ist eine willkommene Schublade, die ihm Orientierung gibt.
2. Entschlossenheit: Menschen, denen es wichtig ist, Entscheidungen grundsätzlich schnell zu treffen, bedienen sich gerne der Vorurteile, weil sie uns – wie bereits erwähnt – schnell und effizient sein lassen.

3. Engstirnigkeit: Für sture Menschen ist das Vorurteil eine gute Rechtfertigung, um von ihren Standpunkten nicht abrücken zu müssen.
4. Angst vor Unsicherheit: Eine Situation, die man nicht einschätzen kann, macht unsicher. Jedes Vorurteil ist ein Puzzleteil der gefühlten Sicherheit.
5. Abneigung gegen Zwiespältigkeit: Menschen, die Mehrdeutigkeiten nicht aushalten können, entwickeln Vorurteile, um Eindeutigkeiten herzustellen.

Weil wir Menschen gerne Gewissheit haben, so erklärt es Kruglanski, bilden wir uns eine Meinung entsprechend obiger Motive – entweder durch Nachdenken oder indem wir sie von anderen übernehmen. Sind solche Vorurteile erst einmal verinnerlicht, ist es schwer, sie wieder loszuwerden. Denn sie übernehmen die Kontrolle über unser Denken. Alles, was mit unseren Klischees zusammenpasst, nehmen wir schneller wahr, gewichten wir stärker und glauben wir auch eher. Informationen, die unseren Schablonen nicht entsprechen, mögen wir nicht und schieben sie auch gerne wieder zur Seite. Auf diese Weise bestätigen sich die Vorurteile immer wieder und festigen sich.

Wir können uns lebhaft vorstellen, wie einst Staubsauger und Enzyklopädien verkaufende „Vertreter" von Tür zu Tür gingen, um ihre Ware an den Mann zu bringen. Stellen Sie sich vor, Sie öffnen Ihre Haustür und vor Ihnen steht ein fremder Mensch, von dem Sie nicht wissen, ob er Ihnen wohlgesinnt ist. In Ihre Wohnung möchte er auch noch. Diese Situation erfordert eine schnelle Entscheidung: Ist er gut oder böse? Lasse ich ihn herein oder nicht? Bin ich für ein Gespräch bereit oder nicht? Das Vorurteil „Verkäufer wollen dich nur über den Tisch ziehen" hilft schnell und problemlos: „Danke, ich kaufe nichts", sagen Sie und knallen die Tür zu. Situation gerettet, Problem gelöst.

Vor allem, wenn wir in Bedrängnis sind, Angst haben oder gestresst sind, sind wir besonders empfänglich für Vorurteile, weil sie eine stabilisierende Wirkung haben. Darüber hinaus ist der Hang zum Klischee höchst individuell. Manche neigen mehr dazu, andere weniger. Gordon Allport (Rettig 2012), einer der Pioniere der Vorurteilsforschung, konnte in seinen Studien keinen Zusammenhang mit mangelndem Respekt, bestimmten Ideologien oder fehlender Intelligenz erkennen.

Es ist wohl vielmehr eine Frage der gefühlten Sicherheit. Je leichter man gestresst, je ängstlicher man ist, je eher man sich von seiner komplexen Umwelt überfordert fühlt, desto eher wird man seinen Vorurteilen folgen, um sich Klarheit, Orientierung und Sicherheit zu verschaffen.

> **Festgehalten**
> Bei Stress, bei Angst und wenn Sie eine komplexe Situation überfordert sind Sie besonders gefährdet, sich von Ihren Vorurteilen leiten zu lassen.

3.4 Auch ein Markenimage ist ein Vorurteil

Eine spezielle Art positiver Vorurteile kennen Sie bestimmt sehr gut: jenes, das wir uns bezüglich bestimmter Marken oder Produkten zurechtlegen. Ein VW ist zuverlässig, ein Ferrari sportlich. Bei Aldi/Hofer lässt sich billig einkaufen. Nike hat coole Funktionskleidung für Sport. Jedes Unternehmen, das langfristig und erfolgreich am Markt bestehen will, bedient sich der Wirkung von Vorurteilen, indem es Schubladendenken zur eigenen Marke zu erzeugen versucht. Es reicht der Blick auf das Logo, und schon sind unsere gespeicherten Schablonen aktiviert. Wir sind im Bilde.

> **Festgehalten**
> Werbung wirkt durch positive Vorurteile. Das können Sie sich zunutze machen.

Wirtschaftsunternehmen, im Speziellen Marketing- und Werbefachleute, investieren viel Geld in den Aufbau solcher Images. Es erfordert schon einen behutsamen Umgang mit existierenden Vorurteilen, damit das Vertrauen in ein solches Marken-Vorurteil entstehen und aufrecht bleiben kann. Die Mechanismen, die zu negativen Vorurteilen führen, funktionieren auch auf umgekehrtem Weg: Menschen suchen nach Orientierung, sie wollen schnell entscheiden, Unsicherheit reduzieren. Das Vorurteil einer Marke gegenüber hilft,

Kaufentscheidungen schneller und mit weniger Grübeleien zu treffen. Sie suchen nach einer guten Motorradbekleidung, die zuverlässig Schutz bietet? Dann greifen Sie vermutlich lieber zu einer Markenware mit gutem Image als zu einem No-Name-Produkt. Es sei denn, Sie sind ein sehr kostenbewusster Mensch, dann hilft Ihnen das Image der No-Name-Produkte – welcher Produzent auch immer dahintersteckt, sie sind meist billiger und ihre Qualität ist manchmal besser als ihr Ruf.

3.5 Vom Vorurteil zum Vorteil für Ihren Job

Vorurteile lassen sich also unterteilen in sinnvolle und wenig hilfreiche, in überlebenswichtige und behindernde, in positiv aufwertende und negativ abwertende. Sie rundweg als schlecht zu bezeichnen, macht also wenig Sinn. Fragen Sie sich: Dient mir ein Vorurteil zur Orientierung, hilft es mir in gefährlichen Situationen das Überleben zu sichern? Ist es entscheidend, damit ich im komplexen Dickicht des Lebens meinen Alltag bewältigen kann? Oder ist es eines, das unnötigerweise alle in einen Topf wirft und somit unfair ist und nicht die Realität widerspiegelt? Gaukelt es mir etwas vor, damit ich sehe, was ich gern sehen möchte? Behindert es mich dabei, meine Meinung weiterzuentwickeln und Neues zu lernen? Trennen Sie die hilfreichen von den behindernden gut voneinander. Machen Sie sich bewusst, welche Klischees Sie durchs Leben leiten und ziehen Sie daraus einen Vorteil für sich und Ihren Karriereerfolg. Beginnen Sie mit der wichtigsten Übung: bei Ihren Kunden.

Wenn jemand in Ihr Geschäft kommt, werden Sie in Sekundenschnelle eine erste Kategorisierung vornehmen. Das ist ganz normal, das machen alle Menschen ganz automatisch. In Autohäusern der gehobenen Mittelklasse hat man zum Beispiel mittels Umfragen festgestellt, dass sportlich leger gekleidete Eltern mit Kindern von den Verkäufern meist nicht beachtet werden (Buczolich o. J.). Die meisten der befragten Kunden wollten tatsächlich ernsthaft ein neues Auto kaufen. Durch das Vorurteil, junge Familien hätten nicht genügend Budget für ein teures Auto, ist vielen Autohändlern ein gutes Geschäft durch die Lappen gegangen.

Der erste Schritt, um Vorurteile zu überwinden, ist, sie sich bewusst zu machen. Denn Sie können nur verändern, was Sie im Bewusstsein haben. Wenn jemand im schmutzigen Blaumann bei der Tür hereinkommt und einen hohen Kreditbetrag haben möchte, wie es in der Geschichte zu Beginn des Kapitels geschehen ist, wird die Person sofort unbewusst in eine Schublade gesteckt: schmutziger Blaumann, schlechtes Deutsch – der kann kein Geld haben und ist damit nicht kreditwürdig. Wenn Sie sich aber dessen bewusst sind, dass Sie beim Anblick eines Bauarbeiters gefährdet sind, ein Vorurteil zu haben, können Sie gegensteuern.

> **Festgehalten**
> Nur wenn Sie Ihre Vorurteile kennen, können Sie sie auch verändern.

Das tun Sie, indem Sie ihm eine zweite Chance geben. Sie nehmen wahr, dass sich in Ihnen ein Vorurteil aufbaut. Schieben Sie es zur Seite, setzen Sie ein freundliches Gesicht auf und bemühen Sie sich um Unvoreingenommenheit. Ersetzen Sie das Vorurteil durch ehrliches Interesse und stellen Sie professionell Ihre Fragen, um zu erfahren, was er wünscht und wie Sie ihn dabei begleiten können, die für ihn richtige Entscheidung zu treffen. Wenn Sie das oft genug tun, werden sich Ihre Vorurteile reduzieren und nicht mehr unbewusst und automatisch Verhaltensweisen in Gang setzen, die dem offenen und menschenfreundlichen Wesen des idealen Verkäufers widerspricht.

Und was tun wir gegen die vielen Vorurteile, die uns als Verkäuferinnen und Verkäufer entgegenschlagen? Was tun bei Kunden mit dem Vorurteil, dass Verkäufer ja doch nur das schnelle Geschäft suchen und sie mit einem Quick-win über den Tisch ziehen wollen, indem sie einen ohne Punkt und Komma in Grund und Boden reden? Oder die meinen, Verkäufer interessieren sich immer nur für den eigenen Profit?

Solcherlei Klischees aufzulösen ist ein hartes Stück Arbeit und wird nicht von heute auf morgen gelingen. Und doch sind wir der Meinung, dass gerade das eines der wertvollsten Dienste ist, die wir unserer Zunft schenken können, weil das unsere Professionalität erhöht und die Freude an unserer Arbeit sowieso.

Der einzige Weg, die Welt zu verändern, ist, sich selbst zu verändern. Indem wir unser eigenes Denken und Handeln, unsere eigenen Vorurteile verändern, werden wir zu einem positiven Vorbild für andere, einschließlich unserer Kunden. Wenn wir unseren Kunden konsequent zeigen, dass nicht unser Profit, sondern ihre Bedürfnisse für uns im Fokus stehen, werden sie nach dem Kauf einem Freund sagen: „Stell dir vor, ich war heute im Elektrofachgeschäft und wurde wirklich toll beraten. Damit habe ich nicht gerechnet!" Je mehr solcher Erlebnisse dieser Kunde hat, desto mehr wird sein Vorurteil gegenüber Verkäufern zu bröckeln beginnen.

> **Festgehalten**
>
> Wenn Sie als positives Vorbild wirken und andere das auch tun, können wir gemeinsam die Vorurteile gegenüber dem Verkauf abbauen.

Mit den nun folgenden Kapiteln wollen wir Ihnen Anregungen sowie einige einfache Tools geben, die Sie dazu befähigen, bei sich selbst und damit auch bei Ihren Kunden diese Vorurteile abzubauen oder sogar aufzulösen. Denn nur gemeinsam können wir etwas bewegen, um unserem Berufsbild den Stellenwert zu geben, den es verdient!

> **Nehmen Sie Haltung an**
>
> - Vorurteile haben eine positive und eine nachteilige Seite:
>   Sie geben Sicherheit bei Stress, Angst und Überforderung.
>   Sie verhindern aber auch, Neues kennenzulernen, uns weiterzuentwickeln und gegenüber anderen fair und offen zu sein.
> - Sie sind blitzschnell parat und wirken unbewusst. Daher sind sie so schwer zu erkennen und zu verändern.
> - Machen Sie sich Ihre Vorurteile bewusst, dann können Sie aktiv mit ihnen arbeiten und sie verändern.
> - Die Vorurteile anderer können Sie nur verändern, indem Sie selbst ein positives Vorbild sind.

Literatur

Buczolich C (o. J.) Autokauf: Beratet mich! https://www.oeamtc.at/autotouring/reportage/autokauf-beratet-mich-15542398. Zugegriffen: 3. März 2017

Rettig D (2012) Mauer in den Köpfen – wie entstehen Vorurteile? 04.01.2012. http://www.alltagsforschung.de/mauer-in-den-kopfen-wie-entstehen-vorurteile/. Zugegriffen: 3. März 2017

Zeug K (2013) Der Fluch der Vorurteile, 09.04.2013. http://www.zeit.de/zeit-wissen/2013/03/psychologie-vorurteile-verhalten. Zugegriffen: 3. März 2017

4 Räumen Sie auf mit den Verkäufer-Klischees

> Wissen Sie, von welchen Vorurteilen über den Verkauf Sie in all Ihren beruflichen Handlungen geleitet werden? Machen Sie mit uns einen Streifzug durch die häufigsten Klischees unseres Métiers. Lassen Sie sich anregen, sie zu hinterfragen und zurechtzurücken. Mit einer positiven, für Sie passenden Einstellung zum schönsten Job der Welt werden Sie erfolgreich, ohne sich verbiegen zu müssen. Die beste Art, Vorurteile über den Verkauf zu beseitigen, ist immer noch, als positives Vorbild voranzugehen.

Es ist wahrlich kein Wunder, dass so viele Verkäuferinnen und Verkäufer nicht zu ihrem Beruf stehen, geschweige denn stolz darauf sind. Es gibt nicht viele Jobs, über die es so viele Vorurteile gibt und bei denen die Klischees auch so viel Schaden anrichten – Schaden für die Reputation des Berufsstands einerseits und Schaden im Verhalten vieler Verkäufer. Nun könnte man sagen „Ist der Ruf einmal ruiniert, lebt es sich ganz ungeniert" und unbeeindruckt seine Arbeit tun. Doch leider sind die Vorurteile gerade im Verkauf so dominant geworden, dass sie – so sehr sie abgelehnt werden – dennoch wie ein „role model" daherkommen. Mit dem Ergebnis, dass selbst die talentiertesten Verkäuferinnen und Verkäufer sich verbiegen und verkleiden, weil sie glauben, genauso sein zu müssen und sich genauso kleiden zu müssen, wie der angeblich ideale Verkäufer zu sein hat. Und so glaubt die eine Verkäuferin, schlecht geeignet zu sein, weil sie nicht reden kann wie ein Wasserfall. Oder ein anderer, weil er es nicht schafft, die siebenundneunzig gelernten Tools, Checklisten und die Verkaufstechniken umzusetzen. Und ein Dritter hat insgeheim schon das Handtuch geworfen, weil die Kunden heutzutage ja ohnehin nur im Internet kaufen. Da lohnt die Mühe doch gar nicht. Gleichzeitig finden die meisten weder Verkäufer-Tricks noch Vielredner gut. Deshalb werten sie ihren Job auch ab. Das kann man verstehen.

Nur akzeptieren wollen wir das nicht. Nach über 20 Jahren Erfahrung im Verkauf und als Verkaufstrainer finden wir: Es ist an der Zeit, mit all diesen Klischees und Vorurteilen aufzuräumen. Sie machen unseren Kolleginnen und Kollegen, Kunden und Seminarteilnehmern ja doch nur das Leben schwer. Vorurteile färben unsere Einstellung zu bestimmten Dingen und Menschen, und das wiederum beeinflusst unser Verhalten generell. So, wie die Grundhaltung „schlechtes Wetter bringt grantige Mitmenschen zutage" garantiert zu einem miesen Tag führt, so kann auch niemand mit einem Verkaufsjob glücklich werden, der davon überzeugt ist, dass dieser Berufsstand kein ehrbarer ist.

4.1 Die Impfung mit dem Verkäufer-Gen

> Niemand ist als Verkäufer geboren. Und es gibt auch nicht den „Idealtypus Verkäufer". Über Authentizität und das, was Sie tatsächlich zu einem erfolgreichen Verkäufer macht.

Susanne betritt den Elektro-Fachmarkt und stellt erfreut fest, dass noch nicht viel Betrieb ist. Es ist ja doch gut, wenn man gleich nach Lokalöffnung schon da ist. Sie mag es nicht, sich durch Menschenmengen zu drängeln. Susanne versucht sich zu orientieren, indem sie einerseits nach der Abteilung für Handys und andererseits nach einem Verkäufer Ausschau hält, doch da ist niemand. Typisch, denkt sie. Gäbe es ein Wörterbuch Deutsch-Einzelhandel, würde „Kunde" übersetzt werden mit „jemand,

4.1 Die Impfung mit dem Verkäufer-Gen

der regelmäßig stört und mit Arbeit droht". Würde sie in ihrem Job als Friseurin so arbeiten, wäre sie schon längst arbeitslos.

Etwas verstimmt geht Susanne durch den Gang in die Richtung, die ihr ein großes Schild mit der Aufschrift „Smartphones & Handys" weist. Verkäufer – noch immer Fehlanzeige. Nur dort drüben sitzt einer am Info-Stand auf einem Hocker, der konzentriert auf einen Bildschirm starrt und mit der Maus hantiert. Er ist so in den Computer vertieft, dass er sie noch gar nicht wahrgenommen hat.

Strähnige Haare, die einen ordentlichen Haarschnitt vertragen könnten, eine abgetragene Jeans, über deren Hosenbund ein Rettungsring schwabbelt, der Kragen des Polo-Shirts mit dem Firmenlogo steht schief, teigige Oberarme schauen aus den kurzen Ärmeln des Shirts heraus. Nein, von dem will sie ohnehin nicht beraten werden. Wie gut, dass er sie nicht bemerkt. Das kann kein guter Verkäufer sein, so wie der aussieht! Wie ein richtiger Nerd. So, wie er den Computer hypnotisiert, interessiert er sich bestimmt nur für Bits und Bytes und Kabeln und all dieses Elektronik-Zeug und sonst nichts.

Vor dem Regal mit unzähligen Smartphones bleibt sie stehen und schaut ratlos auf die bunten Geräte, Produktbeschreibungen und Preise. Sie hat ja sowas von keine Ahnung von diesen Dingen!

„Was kann ich für Sie Gutes tun?", sagt plötzlich eine ruhige Stimme hinter ihr, und als sie sich umdreht, steht dieser Nerd vor ihr. Ausgerechnet! Ist denn da niemand anderer?

„Ähm ...", stottert Susanne.

„Ich sehe, Sie interessieren sich für ein Smartphone. Wie kann ich Sie dabei unterstützen?"

„Nun, mir ist mein Handy aus der Tasche gefallen und dabei ist das Display zersprungen. Es ist schon so alt, da will ich es nicht mehr reparieren lassen und brauche daher ein neues."

„Verstehe", sagt der Nerd, auf dessen Namensschild Jürgen steht. „darf ich Ihnen ein paar Fragen stellen, damit ich mit Ihnen gemeinsam herausfinden kann, was für Sie genau richtig ist?"

Oje, denkt Susanne. Der fragt mich jetzt sicher nach Gigabytes und all den Dingen, von denen ich keine Ahnung habe. Hilfe, ich will einen anderen Verkäufer, einen, der nicht so wie ein Computer-Freak daherkommt!

*„Ich weiß nicht, ob ich alles beantworten kann, was Sie wissen wollen",
sagt Susanne vorsichtig.*

*„Da bin ich ganz sicher, dass Sie meine Fragen beantworten können",
sagt Jürgen und lächelt sie an. „Wie muss das Handy denn optisch aus-
schauen?"*

*Na gut, das ist aber eine einfache Frage. Die kann sie sogar ganz genau
beantworten. Schließlich hat sie mit ihren Freundinnen schon darüber geredet. Sie ist erstaunt, als auch die weiteren Fragen von Jürgen alles andere
als schwierig sind. Dieser junge Mann versteht es, sie in ein angenehmes
Gespräch zu verwickeln. Er zeigt ihr schließlich zwei Modelle, die seiner
Meinung nach genau zu ihren Wünschen passen, und tatsächlich fällt ihr
die Wahl nicht schwer.*

*Als sie sich mit ihrem neuen Smartphone auf den Weg zur Kassa macht,
ist sie richtig happy. Da werden ihre Freundinnen Augen machen! Was für
ein Glück, dass dieser Jürgen sich um sie gekümmert hat. Da fällt ihr ein,
dass sie ihm gegenüber zu Beginn so viele Vorbehalte hatte, und bekommt
ein bisschen schlechtes Gewissen.*

*Spontan macht sie kehrt und steuert auf Jürgen zu, der gerade dabei ist,
das andere Smartphone, für das sie sich nicht entschieden hat, wieder zu
verstauen.*

„Haben Sie etwas vergessen?", fragt er.

*„Ja, hab ich", sagt Susanne. Und umarmt den verdatterten Jürgen,
der prompt einen hochroten Kopf bekommt. „Ich habe vergessen, mich
zu bedanken. So eine tolle Beratung habe ich in so einem Geschäft schon
lange nicht bekommen. Und falls Sie einmal einen frischen Haarschnitt
haben möchten – hier ist meine Visitenkarte. Ich arbeite nämlich in einem
Friseurgeschäft nicht weit von hier. Den ersten Haarschnitt bekommen Sie
von mir gratis."*

*Und weg ist sie. Jürgen steht da, mit der Visitenkarte in der Hand,
und atmet einmal tief durch. Dann langsam macht sich ein schüchternes
Lächeln breit.*

4.1.1 Interesse am Menschen – das ist, was zählt

Als Verkäufer muss man gut reden können, heißt es. Extrovertiertheit ist nötig, damit man auf andere Menschen zugeht – introvertierte Menschen sind viel zu schüchtern, um sich zu trauen. Man braucht Kenntnisse über gute Rhetorik, denn sonst kann man ja niemanden überzeugen. Attraktiv muss man außerdem sein, denn jeder weiß, dass ein Kunde es lieber mit einem hübschen Menschen zu tun hat als mit einem hässlichen. Und wenn man dann auch noch Charisma hat, steht der Karriere als bestbezahlter Verkäufer nichts mehr im Weg.

Offensichtlich ist die Vorstellung sehr weit verbreitet, es gäbe ein festgelegtes Set an Eigenschaften, das einen guten Verkäufer ausmacht. Doch wenn wir dieses Set unter die Lupe nehmen, müssen wir feststellen, dass man damit nicht weit kommt:

- Extrovertiert: Seltsam, dass wir in unserer Praxis schon mehr als genug Extrovertierte getroffen haben, die trotzdem eine große Scheu vor Neukundenakquise haben. So gern sie sich im Allgemeinen in den Vordergrund stellen, so gern „vergessen" sie darauf, neue Kunden anzusprechen. Extrovertiertheit ist also offenbar kein Schlüssel zum Erfolg. Umgekehrt haben uns schon viele Introvertierte mit ihrer einfühlsamen Art überzeugt!
- Rhetorisch versiert: Nur weil jemand gut und viel redet, heißt das noch lange nicht, dass er das Richtige sagt. Oft ist der zu große Redeanteil eines Verkäufers der Grund, warum Verkaufsgespräche scheitern. Es geht mehr um gutes Zuhören als um die eigenen Worte.
- Attraktiv: Auch das gute Aussehen als vermeintliches Erfolgskriterium ist schnell enttarnt, wenn man versucht zu definieren, was „schön" eigentlich ist. Schönheit liegt im Auge des Betrachters. Abstehende Ohren finden manche an sich selbst peinlich, andere finden sie sexy. Eine saloppe Jeans betrachten manche als cool, andere als deplatziert. Und blond ist auch nicht die bevorzugte Haarfarbe aller Menschen. Zum Glück! Eine Verkäuferin, die für den einen Kunden hübsch ist, muss einem anderen noch lange nicht gefallen. Im Verlauf eines Verkaufsgesprächs entsteht Sympathie bei weitem nicht nur durch die optische Erscheinung, sondern vor allem durch das Verhalten.

- Charismatisch: Schon wieder ein schwieriger Begriff. Charisma attestiert man jemandem, der eine besondere Ausstrahlung hat, weswegen er viele in seinen Bann zieht. Ein Rattenfänger also, der nur in seine Flöte blasen muss, und schon laufen ihm alle nach. Was es genau mit dem Charisma auf sich hat, werden Sie ein wenig später in diesem Kapitel lesen. Hier nur einmal so viel: Es ist keine gottgegebene Gabe, wenn einem die Menschen an den Lippen hängen. Sondern hat erstaunlich viel mit dem zu tun, was wir unter einem erfolgreichen Verkäufer verstehen!

Das Verkäufer-Gen, das ein Cocktail aus bestimmten Charaktereigenschaften sein soll, das gibt es nicht. Es sind schließlich auch nicht alle Professoren verschroben und fern der Realität und alle Schriftsteller chaotische Querdenker. Das sind ebenfalls nur Vorurteile, die in Wahrheit höchst selten zutreffen. Tatsächlich ist ein Universitätsprofessor dann gut, wenn er ein leidenschaftliches Interesse am wissenschaftlichen Diskurs und an der Weiterentwicklung seiner Studentinnen und Studenten hat. Und ein Schriftsteller kann vielleicht gesellschaftskritischer Querdenker sein, er kann aber auch einfach nur wunderbar und leicht verständlich unterhalten wollen und insgeheim sogar gerne seine Buchhaltung machen, weil er in Wahrheit ein sehr ordnungsliebender Mensch ist.

Wenn wir uns all die begabten Verkäuferinnen und Verkäufer in unseren Seminarräumen und den Verkaufsabteilungen großer und kleiner Unternehmen, hinter Verkaufstresen und in Geschäften vor Augen halten, dann haben sie eine ganz andere Eigenschaft gemeinsam: Sie interessieren sich für Menschen. Sie sind empathisch und bereit, einem anderen etwas Gutes tun zu wollen.

Das ist, worauf es wirklich ankommt. Wenn es Sie nicht interessiert, ob andere Menschen ihre Probleme lösen, ihre Wünsche erfüllen können, dann sind Sie kein guter Verkäufer, und wenn Sie noch so redegewandt sind. Denn dann geht es Ihnen nicht um das, weswegen die Menschen zu Ihnen kommen und Ihr Produkt oder Ihre Dienstleistung haben wollen, sondern um andere Dinge. Ein leidenschaftlicher Redner würde dann jedes Verkaufsgespräch als Bühne nutzen, auf der er sich selbst darstellt. Ein charismatischer Mensch würde seine Kunden nicht zur Erfüllung ihrer Bedürfnisse führen, sondern irgendwo anders hin. Und eine hübsche Verkäuferin würden die Kunden zwar möglicherweise gerne anschauen, aber was bringt das schon?

Das soll nun nicht heißen, dass eine Verkäuferin, die ein aufrichtiges Interesse an ihren Kunden hat, nicht auch rhetorisch begabt, extrovertiert und charismatisch sein kann. Der Erfolg, den sie hat, den hat sie jedoch in erster Linie wegen ihres ehrlichen Interesses und nicht wegen ihrer hübschen Nase oder ihrer eleganten Wortwahl.

Soziale Kompetenz heißt das Zauberwort. Sind Sie freundlich, flexibel und gehen gern offen und lernbereit auf andere zu? Können Sie sich in die Situation anderer einfühlen? Haben Sie Freude daran, sich mit den Menschen zu beschäftigen, mit denen Sie in Kontakt sind? Das ist das Wichtigste für den Verkauf. Wenn Sie dazu Ja sagen können, haben Sie das „Verkäufer-Gen", und zwar das einzige, das wirklich zählt.

> **Festgehalten**
>
> Interessieren Sie Ihre Kunden? Macht es Ihnen Freude, Menschen etwas Gutes zu tun? Wenn ja, dann haben Sie gute Karten, erfolgreich zu verkaufen.

4.1.2 Der zweite Erfolgsfaktor: Authentizität

In Kombination mit dem Interesse an Menschen gibt es nur noch eine zweite wichtige Zutat zum Verkaufserfolg, und das ist Authentizität. Authentizität heißt so viel wie echt sein, das sein, was man wirklich ist – und nicht das, was andere möchten, oder das, von dem Sie glauben, dass andere es erwarten. Wenn Sie meinen, sich täglich in ein elegantes Kostüm zwängen zu müssen, um erfolgreich zu sein, obwohl Sie durch und durch der sportlich-lässige Typ sind, dann verbiegen Sie sich und sind nicht authentisch. Das gleiche gilt, wenn Sie sich um ein Hochdeutsch bemühen, das Sie noch nie in Ihrem Leben einwandfrei sprechen konnten. Falls Sie in einer Branche arbeiten, in der es üblich ist, elegant gekleidet zu sein, könnten Sie darüber nachdenken, ob die Branche zu Ihnen passt oder ob Sie nicht woanders besser aufgehoben sind, wo Sie das anziehen können, das zu Ihnen passt.

Schauen wir uns anhand von Jürgen etwas genauer an, was es mit der Authentizität auf sich hat. Jürgen ist gelernter Netzwerktechniker und arbeitete bis vor ein paar Monaten in der IT-Abteilung des Elektrofachmarkts. Weil der Store-Manager umstrukturieren musste, sagte er zu Jürgen: „Ab nächster Woche müssen Sie in den Verkauf." Jürgen war alles andere als begeistert. Um Himmels willen, dachte er, verkaufen ist so überhaupt nicht mein Ding! Da muss man immer wie aus dem Ei gepellt daherkommen und eloquent reden können. Ich müsste mindestens zehn Kilo abnehmen! Und ein Rhetorikseminar bräuchte ich auch, aber das interessiert mich gar nicht. Er sprach mit dem Store-Manager und äußerte seine Bedenken, doch der ließ nicht mit sich reden. „Entweder Sie gehen in den Verkauf oder Sie kündigen und suchen sich einen anderen Job", sagte er.

Also entschied sich Jürgen für das kleinere Übel und gab nach. Er ließ sich seine geliebten langen Haare abschneiden und kaufte sich ein paar schicke Klamotten, wie er sie bei den anderen Kollegen im Verkauf gesehen hatte. Als er dann zwischen den Regalen stand, fühlte er sich mehr als unwohl und war froh, wenn ihn niemand ansprach. Am liebsten hätte er sich unter das letzte Regalbrett verkrochen. Wenn er Fragen zu beantworten hatte, bemühte er sich um ein gepflegtes Hochdeutsch, das ihm aber nur sehr holprig über die Lippen kam. In seinem ganzen Leben hatte er immer im Dialekt gesprochen.

Das Resümee über seine Verkäufe, das der Store-Manager nach dem ersten Monat zog, war ernüchternd. So sehr hatte sich Jürgen bemüht, der Vorstellung eines Verkäufers gerecht zu werden, trotzdem hatte er kaum etwas verkauft. Kein Wunder: Weil er sich nicht wohlfühlte, versteckte er sich zwischen den Regalreihen, und das Hochdeutsch, um das er sich bemühte, führte nur dazu, dass er leise sprach und stotterte und kaum einen geraden Satz herausbrachte. Das, was Jürgen ausstrahlte, war Unsicherheit – und welcher Kunde schöpft schon Vertrauen in jemanden, der sich selbst nicht vertraut?

Als der zweite erfolglose Monat vorüberging, besuchte er gleich nach Geschäftsschluss seinen besten Freund Hannes und schüttete ihm sein Herz aus. Sein Job nervte ihn so sehr! Er war verzweifelt und überlegte ernsthaft zu kündigen. Claudia, Hannes' Schwester, gesellte sich dazu. Claudia – Sie kennen sie bereits vom ersten Kapitel – ist Verkäuferin aus Leidenschaft in einer Boutique. „Entschuldigt, wenn ich mich einmische", sagte sie, „aber wenn ich dir so zuhöre, Jürgen, frage ich mich schon: Warum verstellst du dich? Du bist doch überhaupt nicht der Typ, so geschniegelt, wie du aussiehst!" Sie deutete auf die schwarze Hose mit der Bügelfalte und die Schnürschuhe, denen man ansah, wie sehr sie drücken mussten. „Aber als Verkäufer muss man doch ...", entgegnete Jürgen. „Gar nichts musst du", unterbrach ihn Claudia. „Außer du selbst sein, das ist das Einzige, was du musst."

„Mein Kollege, der auch in meinem Bereich verkauft, ist immer gut gekleidet und überhaupt sieht er aus wie der Traum aller Schwiegermütter. Schlank und eloquent kommt er daher. Der verkauft total viel!" Claudia schüttelte den Kopf. „Aber nicht, weil er gut gekleidet ist. Sondern weil er so ist, wie er ist, oder?" Jürgen dachte nach. Es stimmte, sein Kollege fuhr ein schickes Auto und gab auch privat viel Geld für schöne Sachen aus.

Denk einmal darüber nach, wie du wirklich bist, Jürgen. Was macht dich aus? Denn weißt du, warum ich gut verkaufe? Erstens, weil ich mich für meine Kunden und ihre Anliegen wirklich interessiere. Zweitens, weil ich mich mit dem, was ich verkaufe, auch leidenschaftlich gerne beschäftige. Und drittens, weil ich so bin, wie ich bin. Ich rede so, wie es mir leichtfällt – das heißt ja nicht, dass ich im ärgsten Dialekt spreche. Doch ich versuche, meine persönliche Note beizubehalten. Da muss ich mich nicht anstrengen, fühle mich wohl – und so habe ich automatisch gleich viel mehr Freude beim Arbeiten!

Genau das ist auch unsere Erfahrung. Gute Verkäufer verstellen sich nicht, weil sie glauben, ein bestimmter Typus Mensch sein zu müssen. Sie sind deshalb erfolgreich, weil sie authentisch bleiben. Gerade in einer Zeit, in der uns so vieles verunsichert – das Zuviel an Informationen, die Geschwindigkeit, in der sich Dinge verändern –, suchen Menschen Sicherheit. Ein Mensch, der ehrlich ist, sprich: authentisch, der vermittelt diese Sicherheit. So kann Vertrauen zwischen Verkäufer und Kunde entstehen.

4 Räumen Sie auf mit den Verkäufer-Klischees

> **Festgehalten**
> Nur wenn Sie authentisch sind, wirken Sie glaubwürdig und vertrauenserweckend.

Im Übrigen ist dies auch ein großer Vorteil, den Sie als Verkäuferin oder Verkäufer dem Internet gegenüber haben (wie wir in Abschn. 4.7 noch näher erläutern werden). Das Internet überfordert uns Menschen mit ihrem Überangebot. Es ist zwar ganz einfach, Schuhe aus Italien vom Sofa aus zu kaufen oder eine Videokamera direkt aus China zu importieren. Doch oft gepaart mit Unsicherheit: Wie seriös ist der Webshop? Kann ich dem Bezahlsystem vertrauen? Ist das Produkt auch wirklich das Richtige für mich? Wo gibt es noch Alternativen, die möglicherweise noch besser passen? Diese Fragen beantwortet das Internet nicht.

Wohl aber ein Verkäufer aus Fleisch und Blut, und wenn dieser auch noch authentisch auftritt, fasst man schnell Vertrauen in ihn. Wenn Sie als Verkäuferin oder Verkäufer als authentisch wahrgenommen werden – also als offen, ehrlich und ungekünstelt –, löst das bei Ihrem Kunden Vertrauen aus. Es gibt ihm das Gefühl der Kontrolle und Sicherheit in seiner Kaufentscheidung. Sie werden zum vertrauensvollen Begleiter, der Orientierung verschafft, und das fühlt sich für ihn gut an! Er ist eher gewillt, „mit" Ihnen zu kaufen.

Genau dieses Gefühl konnte Jürgen bei Susanne wecken. Er hat ihr Anliegen ernst genommen, sie gefragt, worauf sie Wert legt. Das kann Jürgen gut, weil er immer schon ein sanfter, empathischer Mensch war, der sich gerne für andere ins Zeug legt. Deshalb hat er auch gemerkt, dass er Susanne nicht mit technischen Details nerven durfte. Jene Details, die notwendig waren zu besprechen, hat Jürgen so erklärt, dass sie etwas damit anfangen konnte. Auch das ist etwas, das er immer schon gut konnte: „sein" Steckenpferd, die IT-Technik, für Laien verständlich zu machen. Jürgen war für Susanne ein guter Begleiter, indem er

- sich für sie interessiert und ihr gute Fragen gestellt hat,
- in seinem persönlichen Stil freundlich und engagiert mit ihr gesprochen hat,

- sein Fachwissen nur dort ins Spiel gebracht hat, wo es notwendig und wichtig war
- und so für eine angenehme und vertrauensvolle Atmosphäre gesorgt hat.

Damit hat er genau das gemacht, was er gut kann und ihn persönlich auszeichnet: in seiner lockeren und unaufdringlichen Art mit Menschen über Produkte zu sprechen, für die er sich leidenschaftlich interessiert. Er hat Susanne dabei begleitet, die für sie richtige Wahl zu treffen. Der geborene Verkäufer eigentlich, auch wenn er das zu Beginn nicht sehen konnte. Er dachte, Verkäufer müssten ganz anders sein als er. Als er den Rat von Claudia befolgte, begann er auch Erfolg zu haben – und zunehmend Freude an seiner Arbeit.

4.1.3 Was ist Ihre persönliche Verkäufer-DNA?

So hatte Claudia Jürgen einiges zu denken mit auf den Weg gegeben. Auch wir möchten Sie dazu einladen, über diese Fragen nachzudenken:

- Was macht Sie persönlich aus?
- Was macht Sie einzigartig?
- Was ist Ihre persönliche Note?
- Was fällt Ihnen leicht?
- Was lieben Sie an Ihrem Job, den Sie tun?

Wer sich so gibt, wie er wirklich ist, der wirkt auch überzeugend und strahlt viel mehr Sicherheit aus – Sicherheit, die Kunden in jedem Fall suchen! Aus der Psychologie wissen wir, dass Menschen dann besser und leichter Entscheidungen treffen können, wenn sie sich sicher fühlen.

Wenn Sie authentisch und selbstsicher auftreten, ohne aufdringlich zu sein oder sich zur Schau zu stellen, dann kommen Sie dem sehr nahe, was man unter Charisma versteht. Die deutsche Sozialpsychologin Andrea Abele-Brehm sagt, Charisma wäre weniger eine Kombination bestimmter Charakterzüge, sondern habe etwas mit Authentizität zu tun. Charismatische Menschen hätten einen eigenen

Stil in der Art, wie sie auftreten, und könnten dadurch andere mitreißen, sagt sie. Auch wenn es in der Wissenschaft keine einheitliche Definition für Charisma gibt, so wird doch deutlich, dass es etwas mit Emotionen zu tun hat, mit Klarheit und mit sozialen Fähigkeiten wie Empathie – das sind alles Attribute, die auch eng mit dem Verkauf verknüpft sind und ihn erfolgreich machen. Über Klarheit und eine gute Gesprächsführung können Sie auch in Abschn. 4.7 nachlesen.

Wenn Ihr Verhalten zu Ihrer Persönlichkeit passt, und ein Teil Ihrer Persönlichkeit darin besteht, sich wirklich für die Anliegen Ihrer Kundinnen und Kunden zu interessieren, dann haben Sie alles, was Sie für einen erfolgreichen Verkäufer – oder eine erfolgreiche Verkäuferin – brauchen. Für Kunden ist dann transparent, wofür Sie stehen. Sie vermitteln ihnen das Gefühl, verstanden zu werden, und das ist wohl, was sich Kunden am meisten wünschen.

4.1.4 Was Sie möglicherweise in die Irre leitet

Es gibt Verkäufer, die fühlen sich im falschen Job, obwohl sie wie geschaffen sind für ihre Aufgabe. Der Grund: Das, was als „Verkauf" bezeichnet wird, ist in Wahrheit mehr Abwicklung und Administration. Oft sind die Arbeitsabläufe in Unternehmen unglücklich strukturiert, und das führt dazu, dass ein Verkäufer nicht nur verkaufen soll, sondern auch

- Kundendaten in den Computer einpflegen
- Formulare ausfüllen
- Waren aus dem Lager holen und in Regale schlichten
- Waren bestellen
- immer wieder für Ordnung im Verkaufsraum sorgen
- Werbeaufbauten machen und den Verkaufsraum dekorieren
- die Auslagen immer wieder neu gestalten
- kassieren und am Telefon abheben
- Kunden mahnen, die nicht rechtzeitig zahlen
- Reklamationen bearbeiten
- Gedächtnisprotokolle zu Kundengesprächen anlegen

Das ist eine ganze Menge, die sich anhäufen kann. Manche Unternehmen haben solche Aufgaben gut verteilt und beispielsweise einen Verkaufsinnendienst eingerichtet oder die „ungeliebten" Aufgaben innerhalb des Verkaufsteams gerecht verteilt. Doch oft werden diese Arbeiten den Verkäuferinnen und Verkäufern einfach aufgehalst, ohne über die Konsequenzen nachzudenken. Der Effekt ist nämlich, dass Verkäufer vor lauter Administrationskram zu wenig Zeit finden, sich um Ihre Kunden zu kümmern. Es freut sie vielleicht auch gar nicht, Kunden anzusprechen.

Irreführung Nummer 1 ist: Sie glauben, Administration wäre nun einmal ein wesentlicher Teil des Verkaufs, und da Sie dafür nicht geeignet sind, sind Sie auch kein Verkäufer. Und das, obwohl Sie die wesentlichen Kriterien eines guten Verkäufers tatsächlich erfüllen!

Irreführung Nummer 2: Weil Sie so viel Administration zu erledigen haben, nervt es Sie, wenn ein Kunde Sie unterbricht. Sie versuchen gerade, endlich dieses blöde Formular auszufüllen und abzuspeichern, hadern mit irgendwelchen Programmen am PC, und dann kommt ein Kunde und bittet Sie um Auskunft. Sie reagieren unfreundlich und verärgern Ihren Kunden, der dann lieber bei jemand anderem kauft. So häufen sich Misserfolge an und Sie werden immer frustrierter.

Versuchen Sie, diese beiden Arbeitsbereiche getrennt zu betrachten. Was machen Sie wirklich gerne: Kundengespräche führen oder Listen ausfüllen? Es ist legitim, wenn Sie die Abwicklung von Prozessen im Hintergrund des Verkaufens lieber tun, weil Sie die Anliegen Ihrer Kunden nicht wirklich ernsthaft interessieren. Dann ziehen Sie aber auch die Konsequenzen und suchen zum Beispiel einen Job im Verkaufsinnendienst.

Festgehalten
Eine Analyse, was genau Sie an Ihrem Verkaufsjob stört, zeigt Ihnen, wo Sie etwas verändern sollten.

Wenn Sie aber zu der Überzeugung kommen, dass Sie lieber mit Menschen zu tun haben und Ihnen der Administrationsaufwand lästig ist, dann haben Sie nur zwei Möglichkeiten:

1. Sie schaffen sich innerhalb Ihres Aufgabenbereichs eine Arbeitsstruktur, die es Ihnen ermöglicht, sich ungestört um Ihre Kundinnen und Kunden zu kümmern.
   a) Sprechen Sie mit Ihrem Chef, ob sich die Administration innerhalb des Teams nicht anders aufteilen lässt. Vielleicht gibt es ja Kolleginnen oder Kollegen im Verkauf, die gerne am Computer arbeiten und denen es ohnehin zu viel ist, ständig auf Achse beim Kunden zu sein.
   b) Behalten Sie Kundengespräche klar als erste Priorität im Auge. Wenn Sie beim Ausfüllen einer Liste unterbrochen werden, ist das nicht nervig, sondern eine Selbstverständlichkeit, dass Sie die Liste sofort links liegen lassen. Multitasking heißt schließlich nicht, dass Sie in der Lage sind, alles gleichzeitig zu machen, sondern dass Sie die Fähigkeit besitzen, die eine Aufgabe auf Standby zu stellen und dem, was jetzt wichtiger ist, Ihre Aufmerksamkeit zu schenken. Erst wenn sich Ihr Kunde zufrieden von Ihnen verabschiedet hat, widmen Sie Ihre Aufmerksamkeit wieder der Liste.
   c) Versuchen Sie beispielsweise, alle Admin-Aufgaben gleich zu Beginn oder am Ende des Arbeitstages zu erledigen. So können Sie dazwischen Ihren Kunden die ungeteilte Aufmerksamkeit schenken.
   d) Wenn Sie Kunden aktiv anrufen sollen, um mit ihnen Termine zu vereinbaren oder sich bei ihnen wieder in Erinnerung zu rufen, dann blocken Sie sich dafür Zeitfenster. Spielen Sie sich frei, indem Sie sich mit Ihren Kolleginnen oder Kollegen absprechen. Rufen Sie besser 20 Kunden hintereinander an, als zwischendurch einzelne Telefonate zu führen. Sie werden erleben, wie die Erfolgsquote und auch Ihre Zufriedenheit ganz von selbst steigt.
   e) E-Mails müssen sehr häufig nicht in der Sekunde beantwortet werden. Gehen Sie alle einlangenden Mails kurz durch, bearbeiten Sie aber nur die wirklich dringenden. Alle anderen beantworten Sie

später, beispielsweise in dafür vorgesehenen Zeitfenstern zu Mittag und am Abend zu jeweils 15 min.
2. Wenn das alles unmöglich ist oder wenn die Administration einen Großteil Ihrer Zeit beansprucht, weil das Unternehmen Ihre Stellenbeschreibung damit überfrachtet hat und nicht mit sich reden lässt, dann kündigen Sie und finden Sie einen Arbeitgeber, bei dem Sie Ihren Beruf besser ausführen können.

Doch bleiben Sie realistisch: Sich in seinem Job ausschließlich um Kunden zu kümmern, das wird es nicht geben. Den 100-Prozent-Verkaufsjob gibt es nicht, denn ein wenig Admin-Kram werden Sie immer dabei haben. Es geht darum, eine gute Balance für sich zu finden. Denn sich von Zeit zu Zeit von der Verkaufsfront zurückzuziehen, um Hintergrundarbeit zu verrichten, kann ja auch entspannend sein.

Nehmen Sie Haltung an

- Einen erfolgversprechenden Cocktail aus festgelegten Eigenschaften gibt es nicht – der fällt ins Reich der Vorurteile.
  Zwei Dinge sollten Ihre Haltung prägen:
  1. Sie interessieren sich für Menschen.
  2. Sie sind authentisch und verstellen sich nicht.

- Finden Sie heraus, was Ihrem Naturell entspricht. Verbiegen Sie sich nicht, weil Sie jemand sein wollen, von dem Sie glauben, das wäre richtig. Bleiben Sie sich selbst treu.

- Gestalten Sie im Rahmen der Möglichkeiten Ihren Job so, wie er Ihnen am besten entspricht.

4.2 Emotionen haben im Verkauf nichts verloren

Ob es die feste Überzeugung ist, Menschen würden tatsächlich rational entscheiden, oder die Angst, Emotionen nicht aushalten zu können, ist nicht ganz klar. Fest steht, dass viele Verkäufer glauben, sie müssen mit Fakten punkten. Weit gefehlt!

Frau und Herr Linde sind unter die Hausbauer gegangen. Nach vielen Monaten steht der Rohbau und die Installationen sind gelegt. Was nun ansteht, sind die Böden. Für den Eingangsbereich, die Nassräume und die Terrasse haben sie bereits Fliesen und Steingut bestellt, nun gilt es, Parkettböden für Küche, Wohn- und Schlafräume zu finden. Freunde haben ihnen einen Spezialisten empfohlen, den sie nun konsultieren. Sie betreten den großen Schauraum am Stadtrand. Dank großer Fenster ist es angenehm hell, am Boden liegen Parketten – wie sollte es anders sein. Auch auf Tischen, in Schubfächern und Bodenständern, ja sogar an den Wänden sind Holzböden in allen Formen, Maserungen und Farbschattierungen ausgestellt. Es riecht nach Holz und ein bisschen nach Öl und Lasur. „Schau, Luise, die haben tatsächlich Parkettböden", witzelt Herr Linde und seine Frau kichert.

Ein Verkäufer kommt auf sie zu. Er schüttelt den beiden die Hand und stellt sich vor. „Was kann ich für Sie tun?"

„Ach, wir dachten, Sie hätten vielleicht einen Parkettboden für uns", lacht Frau Linde.

„Wie kommen Sie bloß auf diese Idee?" Herr Holzer, der Verkäufer, sieht sich demonstrativ um. „Ich glaube, da haben Sie Glück, ich habe gerade welche hereinbekommen."

Zu dritt gehen sie durch die Räume und Herr Holzer zeigt ein paar Exponate. Er stellt Fragen: Wie viele Millimeter braucht der Holzboden? Haben Sie in den angrenzenden Räumen Fliesen oder Melamin? Wollen Sie einen Klick-Parkett oder einen zum Verleimen? Herr Linde, der sich bereits im Internet schlaugemacht hat, antwortet bereitwillig. Langsam entwickelt sich zwischen den beiden Männern ein richtiges Fachgespräch.

Frau Linde hört nur mit einem halben Ohr zu. Sie betrachtet lieber die verschiedenen Maserungen und Farbtöne des Holzes, streicht prüfend mit der Hand über die Flächen.

„... und in der Küche sind wir nicht sicher, ob ein Holzboden sinnvoll ist. Nicht wahr, Luise? Luise!" Herr Linde zieht die Augenbrauen hoch. „Wo bist du denn! Interessierst du dich denn gar nicht dafür, dass wir den richtigen Parkettboden bekommen?"

„Aber sicher doch, sehr sogar", sagt Frau Linde. „Mich interessiert, ob der Boden warm ist, wenn man barfuß darüber geht. Ich möchte, dass die Maserung nicht zu grob ist, weil mir das sonst nicht gefällt. Mir ist wichtig,

dass wir den Boden für die nächsten Jahrzehnte haben und nicht nach wenigen Jahren Ausbesserungen machen müssen. Und ich finde, dass er auch pflegeleicht sein soll, denn wir beide wollen ja nicht jede Woche stundenlang am Boden herumkriechen müssen, damit er sauber wird. Das alles interessiert mich sogar sehr. Nur eure Klick- und Leimtechnik und was ihr da sonst noch an Fachchinesisch diskutiert, das interessiert mich wirklich nicht."

Herr Holzer ist der erste der beiden Männer, der nach einem betretenen Schweigen sich vom Schrecken wieder erholt. „Oje, Frau Linde", sagt er, „Sie haben ja völlig Recht! Darf ich ganz offen sein? Unser bisheriges Gespräch, Herr Linde, war zwar interessant, aber es ging völlig in die falsche Richtung. Denn Sie sind emotional von einer Entscheidung ganz weit weg, obwohl dass doch das Ziel Ihres Kommens ist! Dazu habe ich selbst am meisten beigetragen, obwohl ich es besser wissen müsste. Wenn es für Sie okay ist, beginne ich nochmals von vorne."

Frau Linde blickt den Verkäufer zuerst genervt an, dann zuckt sie mit den Schultern und nickt. „Danke", sagt Herr Holzer. „Verraten Sie mir etwas über Ihr Haus, das Sie gerade bauen?"

„Na klar", sagt Herr Linde und legt seinen Arm und die Schulter seiner Frau. „Das ist schließlich so etwas wie unser Lebenswerk, nicht wahr, Luise?"

Und während die beiden stolz von ihrem Haus erzählen, erfährt Herr Holzer so einiges, ohne sich viel Kopfzerbrechen über kluge Fragetechniken machen zu müssen: dass es ein robuster Boden sein muss und die Verlegetechnik gar nicht wichtig ist, weil die beiden ohnehin vorhaben, einen Tischler zu beauftragen. Dass Herr Linde ein Funkeln in die Augen bekommt, wenn er meint, dass sie sich schon etwas Besonderes wünschen, einen Boden, den nicht alle haben.

Fünf Minuten später zeigt Herr Holzer ihnen drei Parketten, die aus seiner Sicht zu den Lindes passen. Eine halbe Stunde später ist das Geschäft besiegelt.

4.2.1 Männer wollen Fakten, Frauen Gefühle?

Die Geschichte ist typisch: Für das Technische wird der Mann angesprochen, die Frauen für optische und den Geschmack betreffende Fragen. Doch wollen Männer wirklich Fakten hören, um zu einer Kaufentscheidung kommen, während Frauen nur die Farbe interessiert? Wenn wir schon so fragen, können Sie sich denken, dass dem nicht so ist. Männer sind bloß eher bereit, über Fakten zu sprechen. Frauen werden dabei entweder einsilbig oder sie klinken sich aus dem Gespräch aus, wie das Frau Linde gemacht hat. Oder sie diskutieren mit, weil sie sich auskennen, sind aber enttäuscht, weil sie das untrügliche Gefühl nicht loslässt, auf dem falschen Dampfer zu sein. Wir gehen hier also einem Klischee auf den Leim. Denn es gibt handwerklich interessierte Frauen, die technische Fakten bis ins Detail kennen, und Männer, die schon beim Aufbau eines Regals des bekannten schwedischen Möbelhauses scheitern.

Tatsächlich ist es egal, ob Mann oder Frau: Wenn es um Kaufentscheidungen geht, steht die Emotion immer im Vordergrund. Wir Menschen entscheiden nun einmal nicht nach rationalen Gesichtspunkten. Es ist das „gute Gefühl", das ausschlaggebend ist, und das entsteht aus einer professionellen Mixtur aus emotionalen und rationalen Aspekten. Technische Aspekte und nicht zuletzt auch der Preis haben selbstverständlich auch eine Bedeutung. Es ist jedoch eine Frage der richtigen Reihenfolge, in der Sie im Gespräch vorgehen. Wenn Sie bei Ihren Kunden Emotionen außer Acht lassen, haben Sie im Grunde schon verloren.

Die im Herbst 2016 veröffentlichten Ergebnisse einer Umfrage in der Zeitschrift „Autotouring" (Buczolich o. J.) des österreichischen Autofahrerclubs ÖAMTC, zeigen, dass sich beim Kauf eines Autos jede zweite Frau nicht wahrgenommen oder nicht ernst genommen fühlt. Für mehr als jede zweite Kundin ist der Besuch im Autohaus nicht erwartungsgemäß verlaufen. Jede vierte hat rückgemeldet, dass sie zwar bemerkt, aber gar nicht bedient oder nur schnell abgefertigt wurde. Fast jede dritte Kundin hat kein wirkliches Beratungsgespräch erhalten. Fast 60 % der befragten Frauen waren in Begleitung eines

Mannes unterwegs – Sie können sich vorstellen, mit wem die Verkäufer das Gespräch begonnen und in vielen Fällen auch ausschließlich geführt haben.

Wie gesagt: Nicht nur Frauen, auch Männer wollen emotional „abgeholt" werden, nur auf unterschiedliche Weise. Bleiben wir im Autohaus und bei der in der „Autotouring" veröffentlichten Studie, um diesen Umstand zu präzisieren. Doris Kortus-Schultes, Leiterin des Kompetenz-Zentrums „Frau und Auto" an der Hochschule Niederrhein, erläutert die typischen Unterschiede zwischen Männer und Frauen beim Autokauf. Wir möchten hier anmerken: Auch sie beschreibt Stereotypen, doch weil es so schön zeigt, inwiefern es immer auf Emotionen ankommt, lassen wir das gelten. Typischerweise beginnt ein Mann bereits bis zu zwei Jahre vor einem Autokauf, Online-Konfiguratoren zu besuchen und Testergebnisse zu studieren. Im Autohaus weiß er dann ziemlich genau, welches Auto mit welchen Extras er haben möchte. Es entwickelt sich ein Fachgespräch unter Männern auf Augenhöhe. Gemeinsam öffnen sie die Motorhaube, betrachten (vermeintlich) wissend die Kunststoffabdeckungen und inspizieren die Bedienelemente der Klimaanlage. Ob der Kunde etwas davon versteht oder nicht, ist zweitrangig. Es ist Teil des männlichen Rituals. Tatsächlich sind Männer nämlich meistens deshalb gekommen, um einen guten Deal herauszuholen. Kostenlose Sommerreifen und Fußmatten, einen günstigeren Preis bei der Speziallackierung oder generelle Rabatte sind sein Begehr. Das Wunschauto kennt er ja bereits. Der emotionale Aspekt, der dahintersteckt: Der Mann braucht die Bestätigung, dass er zu Hause die richtige Entscheidung getroffen hat. Auch wenn er sich gerne in ein Technikgespräch verwickeln lässt – im Grunde geht es ihm um die Bestätigung. Dieses Gefühl ist ihm eine Menge wert. Wenn Sie sie ihm geben, wird er möglicherweise einen Preis akzeptieren, der höher ist als im Autohaus nebenan.

Für die typische Frau ist die Vorstellung, tagelang auf Internetseiten von Autoherstellern zu surfen, keine Option. Sie kommt ohne Vorbereitung ins Geschäft. In der Regel sucht sie eine Lösung für ihr Mobilitäts- und Transportproblem. Etwas Besseres kann einem Autoverkäufer nicht passieren. Sie ist noch nicht festgelegt und offen für konstruktive Vorschläge. Sie erkundigt sich, ob ihr Surfbrett oder der Kinderwagen in den Kofferraum passt und ob die Ledersitze nicht im Sommer zu heiß und im Winter zu kalt sind. Manche Verkäufer verstehen die dahinterliegende Botschaft nicht und glauben, dass Frauen ihnen bloß etwas aus ihrem Leben erzählen wollen. Tatsächlich hat die typische Frau beim Autokauf den Nutzen vor Augen.

Frauen möchten also gut beraten werden. Sie brauchen das gute Gefühl, sich für etwas Sinnvolles zu entscheiden. Bei Männern geht es mehr um die Selbstbestätigung. Beides sind emotionale Aspekte. Männer wie Frauen wünschen sich, ernst genommen zu werden, denn nur so können sie das nötige Vertrauen aufbauen, um am Ende des Gesprächs tatsächlich zu kaufen.

> **Festgehalten**
> Es ist ein Vorurteil, dass alle Frauen nur über Gefühle und alle Männer nur über Fakten reden möchten.

4.2.2 Emotionen richtig erkennen und ansprechen

Das soll nun nicht heißen, dass Sie sich ausschließlich um Emotionen zu kümmern haben. Zahlen, Daten und Fakten über das Produkt oder die Leistung sind genauso wichtig. Sie müssen nur die richtige Reihenfolge beachten: Zuerst kümmern Sie sich um die Emotionen Ihrer Kunden. Erst dann können Sie mit dem entsprechenden Produktwissen anschließen. Sie setzen also die Emotionen mit den Fakten in Verbindung. So kommen Sie zum Erfolg.

Emotionen ansprechen – bei dieser Aufforderung bekommen viele Menschen einen Schrecken. Emotionen, das ist so etwas Unberechenbares, auf das man sich nicht vorbereiten kann. Vielleicht ist das einer der Gründe, weshalb sie den Emotionen ihre Existenzberechtigung im Verkauf verweigern: damit sie sich erst gar nicht damit beschäftigen müssen, wie sie mit dem Unberechenbaren umgehen können. Dabei ist die Sache gar nicht so schwer. Reden Sie mit Ihren Kunden einfach so wie mit jedem anderen Menschen, den

Sie gerade kennenlernen. Wenn Sie auf einer privaten Party einen Unbekannten treffen, reden Sie zuerst über das Wetter, dann suchen Sie eine Gemeinsamkeit und reden darüber. Im Verkauf haben Sie es sogar insofern leichter, als Sie das gemeinsame Thema schon vorgegeben haben: Der Kunde hat Interesse, Ihr Produkt zu kaufen – und Sie wollen das auch!

Herr Holzer in unserer Geschichte zu Beginn des Kapitels stellt im zweiten Anlauf genau die richtige Frage. „Wie weit sind Sie denn mit Ihrem Haus?", fragt er. Und schon legt das Ehepaar Linde los, schließlich ist das Hausbauen ihre Herzensangelegenheit seit mindestens einem Jahr. Herr Holzer braucht nur mit ein paar Zwischenfragen zu lenken, bei denen er emotionale Wörter, besonders Verben verwendet. „Was ist Ihnen *wichtig* an den Böden in Ihrem Haus", könnte er fragen. Wenn er richtig gut ist, lässt er die Lindes Schuhe und Socken ausziehen und sie barfuß über den Parkettboden gehen. „Gehen Sie einmal darüber und *spüren* Sie, wie *warm* sich das Holz *anfühlt*", sagt er. Er nutzt Wörter wie *behaglich* und *bequem*, und weil er im Gespräch herausfindet, dass die Lindes etwas Extravagantes wünschen, verwendet er auch Wörter wie *stilvoll*, *unkonventionell* oder er sagt, „Damit werden Sie Ihre Freunde bestimmt *beeindrucken*."

> **Festgehalten**
>
> Emotionen sprechen Sie an, indem Sie Wörter verwenden, die alle Sinne ansprechen – also alles, was sich auf Sehen, Hören, Riechen, Spüren und Empfinden bezieht.

Wie Kunden ticken, können Sie auch anhand ihrer Reaktionen herausfinden: Weil Herr Holzer den Verdacht hat, dass die beiden einen Parkettboden für die Ewigkeit haben wollen, erzählt er ihnen, dass „dieser Boden seit über zehn Jahren beim Stanglwirt liegt", einem stark frequentieren Fünf-Sterne-Hotel in der Nähe. Und beobachtet, wie sie darauf reagieren und ob er mit seinem Verdacht richtig liegt. Frau Linde hat erwähnt, dass der Boden pflegeleicht sein muss, also sagt er: „Dieser Boden ist geölt – sehen Sie, wie edel das wirkt im Vergleich zum lackierten Glanz? Es reicht, wenn Sie ihn einmal im Monat mit Holzseife waschen."

Nicht nur die Gefühle gehören zum emotionalen Aspekt des Verkaufens. Kunden haben auch Motive, nach denen sie ihre Entscheidungen und Handlungen setzen, und das nicht nur im Verkaufsgespräch, sondern täglich, stündlich, in jeder Minute. Bis zu 60.000 Entscheidungen treffen wir täglich, sagen die Gehirnforscher. Selten sind dabei ausschließlich rationale Kriterien ausschlaggebend. Das sogenannte limbische System, ein Teil unseres Gehirns, fällt für uns die meisten emotionalen Bewertungen und ist gespeist aus Erfahrungen, Persönlichkeit und Vorwissen. Hier entsteht auch das „gute Bauchgefühl" und kann als Sitz des Motivationszentrums im Menschen verstanden werden. Nur ein Bruchteil unserer Entscheidungen wird bewusst wahrgenommen, das meiste läuft unbewusst ab, und das ist gut so. Stellen Sie sich vor, Sie müssten für den Kauf einer Tube Zahnpasta alle Kriterien sammeln und die Folgen Ihrer Entscheidung erst eingehend reflektieren, bevor Sie zugreifen. Sie würden für den Kauf wohl zwei Stunden benötigen. Da ist es schon praktisch, gewisse Richtungsweiser im Kopf zu haben.

Genauso ist es mit den Motiven. Je besser wir wissen, was uns antreibt, desto besser und schneller können wir Entscheidungen treffen. Stellen Sie sich vor, Sie sind ein Mensch, der besonderen Wert auf Ästhetik legt. Sie werden beim Kauf einer Zimmerlampe sämtliche Angebote danach filtern, ob sie zur kühlen Wohnzimmereinrichtung und der Sichtbetonwand passt – und nicht etwa eine, die praktischerweise den Raum gut ausleuchtet. Zu der würden Sie dann greifen, wenn Praktisches und komfortable Gemütlichkeit einen hohen Stellenwert hätte.

> **Festgehalten**
> Den Kunden zuerst emotional abzuholen heißt, einerseits Gefühle und andererseits sein Kaufmotiv anzusprechen.

4.2 Emotionen haben im Verkauf nichts verloren

Werden Motive in einer Situation angesprochen, dann entsteht Motivation – und die ist der Motor zur Handlung. Ein Lampenverkäufer, der herausfindet, dass Ästhetik im Leben des Kunden großen Wert hat, kann ihm helfen, noch leichter seine Entscheidung zu treffen. Für Ihr Verkaufsgespräch mit Ihrem nächsten Kunden hilft Ihnen die Bedürfnispyramide des US-amerikanischen Psychologen Abraham Maslow als Orientierung. Er hat Bedürfnisse und Motive kategorisiert. Seine Darstellung in Form einer Pyramide soll zum Ausdruck bringen, dass sich menschliche Bedürfnisse von der Basis beginnend hierarchisch aufeinander aufbauen.

An unterster Stelle der Bedürfnispyramide stehen **physiologische Bedürfnisse.** Sie sind quasi das, was uns am Leben erhält und den Fortbestand der Spezies Mensch gewährleistet: Essen, Trinken, Sex und Schlaf. Wenn diese Bedürfnisse erfüllt sind, interessieren wir uns für die nächsthöheren, die **Sicherheitsbedürfnisse:** Wir wollen unser Leben nicht gefährdet wissen, einen sicheren Arbeitsplatz haben, gesund sein, ein Dach über dem Kopf haben. Auf einer Hierarchie-Ebene darüber finden wir die **sozialen Bedürfnisse:** Wir Menschen brauchen andere um uns, die Familie und Freunde.

Auf der nächsten Ebene finden wir **Individualbedürfnisse,** die einerseits den Wunsch nach Stärke, Erfolg, Unabhängigkeit und Freiheit einschließen, andererseits den Wunsch nach Ansehen, Prestige und Wertschätzung. Das oberste Bedürfnis schließlich nennt Maslow **Selbstverwirklichung.** Er meint damit, dass wir Menschen den Wunsch haben, unser Potenzial auszuschöpfen. Wir wollen das, was uns von unseren Anlagen möglich ist, maximal nutzen und das Beste aus uns machen. Das ist natürlich für jeden Menschen etwas ganz anderes. Die einen gehen darin auf, die besten Eltern der Welt zu werden, andere wollen ihr athletisches Potenzial maximieren und gehen täglich trainieren. Wieder andere streben nach Wissen und Weisheit, weil es ihnen leicht fällt zu lernen. Jemand, der künstlerisch veranlagt ist, wird seine Selbstverwirklichung insofern suchen, als er seine Kreativität in der Malerei oder Musik oder worin auch immer er begabt ist ausleben möchte.

Eine Aussage von Maslow ist dabei zentral: Wir streben ein übergeordnete Bedürfnis erst dann an, wenn das darunterliegende erfüllt ist.

Das ist ziemlich naheliegend, wenn wir diese Pyramide genauer betrachten: Niemand wird nach Prestige oder nach Selbstverwirklichung streben, wenn sein Leben in Gefahr ist – selbstverständlich wird er zuerst seine Haut retten und seinem Bedürfnis nach Sicherheit nachgehen. Oder: Wenn wir über längere Zeit nichts zu essen und zu trinken haben, werden wir unser Geld zuerst für Nahrung ausgeben, denn was nützt uns ein Dach über dem Kopf, wenn wir verhungern?

So viel zur Theorie. Was aber bedeutet das nun für Sie als Verkäuferin oder Verkäufer? Nehmen Sie diese Pyramide als Hilfswerkzeug: Auf welcher Ebene könnte Ihr Kunde gerade stehen? Herr Holzer hat zum Beispiel erkannt, dass das Ehepaar Linde ein Motiv auf der Individualebene hat, nämlich Anerkennung und Prestige. Sie wünschen sich einen Parkettboden, mit dem sie beeindrucken können. Sie hätten genauso sagen können: „Wir brauchen einen robusten Boden, aber er darf nicht teuer sein." Dann hätten sie wohl eher ein Sicherheitsmotiv. Sobald Sie das erkannt haben, wissen Sie, dass sämtliche Argumente, die Prestige und Selbstverwirklichung versprechen, nicht greifen werden. Sie können sie getrost beiseiteschieben und Ihre Kunden emotional abholen, indem Sie sie informieren, dass geleimter Parkett belastbarer ist und obendrein günstiger.

4.2.3 Emotionen und Fakten auf der Waagschale

All unsere Handlungen und Entscheidungen basieren auf zwei Systemen in unserem Gehirn: das implizite, unbewusste System – quasi unser Autopilot – und das explizite, bewusste System – der Pilot. Der Autopilot arbeitet hocheffizient und übernimmt etwa 70 bis 80 % unserer Entscheidungen. Gerade weil er das bewusste Denken umgeht, ist es äußerst schnell und hilft uns beispielsweise, eine Gefahr „instinktiv" wahrzunehmen und unmittelbar zu reagieren. Wenn Ihnen beim Kochen ein Messer hinunterfällt, zucken Sie mit dem Fuß ganz schnell weg, um sich nicht zu verletzen. Müsste in so einer Situation das bewusste Denken erst analysieren, Alternativen abwägen und sich schließlich für einen schnellen Schritt nach hinten entscheiden, wäre Ihr Fuß längst aufgespießt.

4.2 Emotionen haben im Verkauf nichts verloren

Genauso übernimmt der Autopilot das Steuerrad, wenn Kunden unter Zeitdruck, mit Informationen überlastet und unsicher hinsichtlich einer Entscheidung sind. Viele Signale und Botschaften, die von Produkten und Marken ausgesendet werden, erreichen das Bewusstsein gar nicht. Sie werden unbewusst wahrgenommen und beeinflussen in hohem Maß das Denken und damit auch das Verhalten.

Das explizite, bewusste System nutzen wir, um nachzudenken. Wir erstellen Kosten-Nutzen-Analysen, planen in die Zukunft und verarbeiten, was unser Gegenüber uns sagt. Dieser Pilot hat nur wenig Speicherplatz zur Verfügung und ist damit sehr begrenzt, kostet allerdings viel Zeit und Energie. Nicht zuletzt ist es anstrengend, ständig bewusst zu denken. Werbung oder eben auch ein Verkaufsgespräch kann daher nur dann erfolgreich sein, wenn auch der Autopilot mit ins Spiel gebracht wird. Nur wer die Logik des Autopiloten versteht, kann das Verhalten seiner Kunden nachvollziehen.

Im Verkauf ausschließlich auf Zahlen, Daten und Fakten zu setzen, bringt Ihnen also nichts. Sich ausschließlich mit den emotionalen Aspekten des Kaufmotivs zu befassen, ist auch zu wenig. Es ist – wie fast immer im Leben – der goldene Mittelweg, den Sie einschlagen sollten. Wir illustrieren diesen Umstand gerne mit einer Waage, auf deren einen Schale die Emotionen und auf der anderen die Fakten liegen, sodass beide im Gleichgewicht sind (s. Abb. 4.1).

Die Emotionen auf der einen Seite lassen sich noch einmal unterteilen in Gefühle und Motive. Ihre Kunden auf der Gefühlsebene abzuholen bedeutet, dass Sie dafür sorgen, dass sie sich wohlfühlen und sich im Gespräch mit Ihnen gut aufgehoben sehen. Die Motive zielen auf den Nutzen ab und finden sich auf einer der Ebenen der Bedürfnispyramide wieder. Welche Motivebene greift bei Ihrem Kunden?

In die andere Waagschale legen Sie alles, was den Verstand anspricht: Leistungsmerkmale, Produktinformationen, Montagehinweise, Produktbeschaffenheit, Infos über die Herstellung oder den Hersteller – all das, was Ihnen vermutlich ganz leicht fällt zu erzählen, weil Sie sich schließlich mit Ihren Produkten oder auch Dienstleistungen auskennen, die Sie verkaufen wollen. Auch der Preis fällt in die rationale Kategorie.

58   4 Räumen Sie auf mit den Verkäufer-Klischees

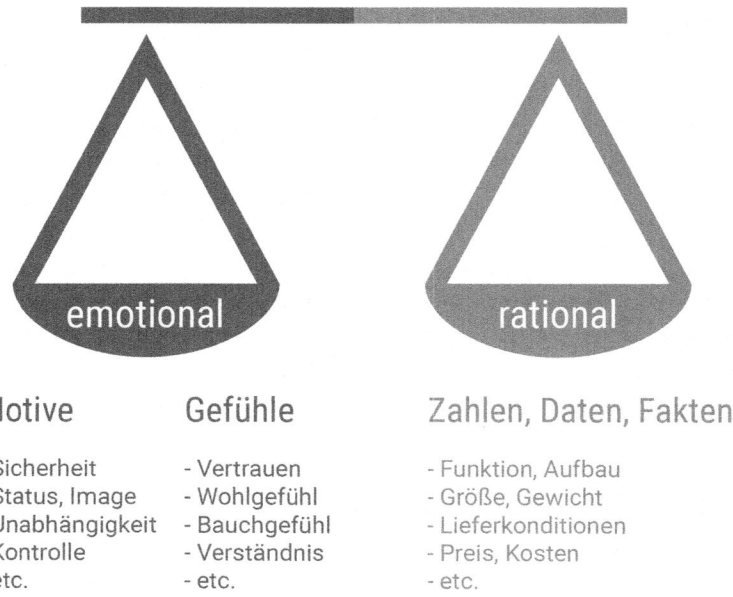

Abb. 4.1 Emotionale und rationale Faktoren unserer Entscheidung. (Eigene Darstellung)

Eine weitere Erkenntnis der Gehirnforschung ist: Ohne emotionales Okay gibt es keine Entscheidung. Emotionen spielen immer eine Rolle! Wir haben zuvor bereits erwähnt, dass das Geheimnis des Erfolgs in der Reihenfolge liegt, in der Sie vorgehen: Zuerst holen Sie Ihren Kunden emotional ab, dann erfragen Sie die Motive, um letztendlich die notwendigen Produktinformationen als Lösung bzw. als Nutzen anzubieten. So sorgen Sie für ein emotionales Okay und der Kunde erkennt den emotionalen Wert des Produkts, bevor Sie sich den Fakten widmen. Der Wert des Produkts ist entscheidend, ob der Kunde den Preis akzeptieren wird oder nicht. Würden Sie – wie Herr Holzer zu Beginn seines verpatzten Gesprächs – zuerst über Fakten sprechen, dann bleibt der Kunde genau da hängen, wo er sich am besten auskennt: beim Preis. Mit den anderen Leistungsmerkmalen, die Sie ihm präsentieren, kennt er sich normalerweise nicht so gut aus, da hat er kaum Diskussionsmöglichkeiten. Beim Preis dafür umso mehr! Und schon sind Sie in der unangenehmen Lage, den Preis rechtfertigen zu müssen.

Es gibt drei Möglichkeiten, wie ein Kunde auf den Preis reagiert: Entweder er möchte mehr zahlen (das wird wohl kaum vorkommen, daher können wir diese Option wohl streichen) oder er ist mit dem Preis einverstanden – oder er möchte weniger zahlen. Wenn Sie den Kunden vorher nicht emotional abholen, kann er nicht ermessen, welchen Wert das Produkt für ihn hat. Der genannte Preis wird also pauschal als zu hoch erkannt und Sie müssen entweder im Preis nachlassen oder Sie machen kein Geschäft.

> **Festgehalten**
> Ohne das emotionale Okay des Kunden gibt es auch keine Kaufentscheidung.

Das ist der Preis für nicht abgeholte Emotionen: Sie müssen billiger verkaufen, als das Produkt oder die Dienstleistung wert ist – und „Wert" hat wie gesagt nichts mit Geld zu tun. Ihrem Kunden ist Ihre Dienstleistung zum Beispiel etwas wert, weil es ihm Zeit spart, weil es bequem ist, weil es das Leben vereinfacht und Energie schenkt. Ein Produkt ist ihm etwas wert, weil es schön anzuschauen ist, herzeigbar ist, weil es praktisch ist oder auch einfach notwendig, um den Alltag zu bewältigen. Wenn Ihr Kunde erkennt, welchen Wert er mit dem Kauf gewinnt, ist er auch eher bereit einen entsprechenden Preis dafür zu bezahlen.

Vielleicht sagt er dann sogar seinen Freunden, dass er „günstig" gekauft hat. Unter welchen Umständen jemand einen Preis günstig findet, hat ebenfalls mit dem emotionalen Aspekt Ihres Verkaufsgesprächs zu tun. Denn günstig ist dann etwas, wenn das Produkt für den Kunden mehr wert ist, als der Preis widerspiegelt. Er hätte mehr bezahlt. Umgekehrt gilt: Wenn etwas zu teuer war, dann war es den Preis nicht wert. Ein Beispiel: Für manche mag es gar nicht nachvollziehbar sein, ein Flugticket um 7000 EUR von Wien nach New York City zu kaufen, wenn man es auch um 500 haben kann. Doch ein Marathonläufer, der zum New York City Marathon anreist, möchte ausgeruht ankommen ohne verspannter Muskulatur – ihm ist das die 7000 EUR absolut wert, schließlich hat er fünf Jahre dafür trainiert und Geld gespart, um sich dieses einmalige Erlebnis in einer Hobbysportlerkarriere leisten zu können! Auch eine Geschäftsfrau, die wegen eines potenziellen Millionenauftrags nach Amerika fliegen will, würde 7000 EUR für ein Flugticket als gute Investition betrachten. So kann sie sich während des Flugs ungestört vorbereiten und ist beim Gespräch ausgeruht, um gut zu verhandeln.

Deshalb ist es so wichtig, dass Emotionen unbedingt im Verkauf eine Rolle spielen. Wir alle wünschen uns, einen Gewinn zu erzielen, und das gilt auch hier. Lässt sich auf der emotionalen Ebene ein Gewinn erkennen, wird der Preis besser akzeptiert. Wenn Sie dem Kunden nicht ermöglichen, einen emotionalen Gewinn zu finden, dann will er sich den Gewinn auf der anderen Seite holen und über den Preis verhandeln. Wir sind sicher, dass Sie, wenn Sie selbst etwas kaufen, sich nicht anders verhalten würden.

> **Festgehalten**
>
> Der Kunde muss erkennen können, dass sein emotionaler Gewinn höher ist als der Preis. Unterstützen Sie ihn, seinen emotionalen Gewinn zu entdecken.

> **Nehmen Sie Haltung an**
>
> - Männer wollen nicht nur über Fakten reden und Frauen nicht nur über Emotionen. Legen Sie dieses Vorurteil ab.
> - Jeder Kunde, egal welchen Geschlechts, will emotional erreicht werden.
> - Das schaffen Sie, indem Sie bei der Wortwahl auf Begriffe achten, die alle Sinne ansprechen, also auf Wörter, die das Sehen, Hören, Riechen, Spüren und Empfinden anregen.
> - Versuchen Sie herauszufinden, auf welcher Bedürfnisebene sich Ihr Kunde bewegt und argumentieren Sie entsprechend.
> - Erst wenn Ihr Kunde den emotionalen Nutzen erkennt, ist er bereit für eine Kaufentscheidung.
> - Wenn der emotionale Wert höher ist als der Preis, hat er das Gefühl, die richtige Entscheidung getroffen zu haben.

4.3 Man muss Weltmeister im Kunden-Totreden sein

> Nach dem Motto „Fachidiot schlägt Kunden tot" reden Verkäufer oft über technische Produktinformationen, als würde ihr Leben davon abhängen. Der Kunde hat das Gefühl, etwas aufgeschwatzt zu bekommen. Echte Verkäufer jedoch sind Meister des Fragen-Stellens. Sie erkundigen sich, was wirklich gebraucht wird. Sie reden so wenig wie möglich und so viel wie nötig.

Die Verkaufshalle ist beeindruckend groß. Auf drei Seiten lassen große Auslagenscheiben viel Licht auf die ausgestellten Autos scheinen, dass der Lack nur so glänzt und schimmert. Jürgen, unser Verkäufer aus Abschn. 3.1, und seine Mutter Elisabeth schlendern langsam zwischen den Wägen durch und bleiben bei einem Kombi stehen. Elisabeth, eine pragmatische und sportliche End-Vierzigerin, möchte sich endlich einen Herzenswunsch erfüllen und ihr altes Auto gegen ein neues tauschen. Eines, wo sie ihr Rennrad nicht jedes Mal zerlegen muss, damit sie es transportieren kann. Einen Meter fünfundsechzig ist ihr Rad lang, sie hat es abgemessen. Es ist für sie das wichtigste Kriterium beim Kauf, dass der Kofferraum groß genug dafür ist.

Als sie sich den zweiten Kombi genauer anschauen (der erste war ganz offensichtlich zu klein), gesellt sich Margit Löffler dazu, eine der Verkäuferinnen des Autohauses.

„Das ist ein toller Wagen, nicht wahr?", fragt sie Jürgen. „Genau das richtige Gefährt, mit dem Sie mit Ihrer Frau auf Urlaub fahren können."

„Das ist erstens nicht meine Frau, sondern meine Mutter", sagt Jürgen und gluckst amüsiert. „Und zweitens bin nicht ich es, der ein Auto kaufen will. Da müssen Sie schon meine Mutter ansprechen."

Elisabeth, die auf der anderen Seite des Autos gerade die Informationen auf dem Produkt-Display studiert, blickt auf. „Ja genau. Ich brauche ein neues Auto."

„Oh, alles klar! Wenn das so ist ..." Margit macht zwei schnelle Schritte zur Fahrertür und öffnet sie schwungvoll. „Dann darf ich Sie doch bitten einzusteigen!"

Elisabeth zögert kurz. Sie ist sich ja gar nicht sicher, ob das das passende Auto sein könnte. Andererseits, warum nicht. Sie lächelt höflich und setzt sich hinter das Lenkrad. Margit geht um das Auto herum und setzt sich auf den Beifahrersitz.

„Ist das nicht ein schönes Auto?", sagt sie. „Riechen Sie den Duft des Leders? Wir haben den jetzt mit Ledersitzen im Angebot ohne Aufpreis. Das Angebot gilt bis zum 30. Juni."

„Ähm, ja. Schön!", sagt Elisabeth und blickt sich um. „Aber eigentlich …"

„Dieses Modell hat serienmäßig Radio und Klimaanlage eingebaut, schauen Sie, hier sind die Bedienelemente des Radios und darunter können Sie die Klimaanlage einstellen. Sie ist vollautomatisch, das heißt, Sie können die Temperatur auf den Grad genau einstellen. Außerdem können Sie sie vorne und hinten separat regeln."

Elisabeth nickt. Eigentlich hasst sie Klimaanlagen. Sie bekommt davon immer eine unangenehm trockene Nase und die Augen beginnen nach kurzer Zeit zu brennen. Außerdem wäre sie viel neugieriger auf die Größe des Kofferraums. Sie dreht den Kopf also nach hinten, doch als sie gerade Luft holt, um ihre Frage zu formulieren, spricht die Verkäuferin schon weiter, die offenbar ihren Blick in den Fond falsch interpretiert.

„Vom Fahrersitz aus können Sie die Gebläse für den hinteren Bereich des Wagens natürlich nicht sehen. Zu den Sicherheits-Features des Autos: Der Wagen hat ABS und ASR, das ist eine Antischlupfregelung, die verhindert, dass sich die Räder durchdrehen. Er hat LED-Scheinwerfer, die weniger Strom brauchen und flacher zu verbauen sind, sodass man die Frontseite des Wagens besser designen konnte. Noch etwas kann das Auto: Es hat ein Kurvenlicht. Wenn Sie die Lenkung einschlagen, geht ein zusätzlicher Scheinwerfer an, der die Kurve ausleuchtet. Dann ist ein Regensensor eingebaut. Sehen Sie dieses gepunktete Feld hier hinter dem Innenspiegel? Wenn Regentropfen hierherfallen, wird der Scheibenwischer automatisch eingeschaltet. Das können Sie aber natürlich auch ausschalten. Hier, sehen Sie dieses Symbol am Hebel?"

Elisabeth neigt höflich den Kopf, um das Symbol zu bewundern. „Und …"

„Ach so, ja", fällt ihr Margit ins Wort, „nicht zu vergessen natürlich auch, dass Sie nicht nur eine Heckscheibenheizung haben, sondern auch

4.3 Man muss Weltmeister im Kunden-Totreden sein

eine Frontscheibenheizung. *Sehr praktisch, nicht wahr? Und dann können Sie auch noch optional einen Tempomat haben. Das kostet allerdings extra."*

"Wie groß ist der Kofferraum?" Endlich! Endlich hat sie es geschafft, die Frage zu stellen, die ihr schon die ganze Zeit auf der Zunge brennt.

"Der Kofferraum! Ja selbstverständlich. Sehen wir uns den doch an. Wenn Sie mir nach hinten folgen wollen", plappert Margit beflissen und hüpft aus dem Wagen. Elisabeth steigt ebenfalls aus. Margit hat die Heckklappe bereits geöffnet und legt los mit ihrem Wissen.

"Der Kofferraum hat ein Volumen von 680 Liter. Wenn Sie die Lehnen der Rücksitze nach vor klappen, haben Sie einen Ladebereich von 1670 Liter. Das ist beachtlich!"

"Aha", sagt Elisabeth, *"also Ihre Literangabe sagt mir jetzt aber nichts. Wie lang ist denn die Ladefläche in Zentimetern?"*

Margit blickt ein wenig irritiert. *"Ähm. Ich fürchte, das kann ich Ihnen nicht genau sagen. Aber warten Sie, ich besorge mir einen Maßstab. Ich komme gleich wieder."* Und schon ist sie eine Staubwolke.

Elisabeth atmet tief durch und blickt ihren Sohn verzweifelt an. Der ist die ganze Zeit schon mit verschränkten Armen neben der offenen Fahrertür gestanden und hat den Monolog der Verkäuferin amüsiert verfolgt. Er kann sich ein breites Grinsen nicht verkneifen.

"Jetzt weißt du ja offenbar alles über dieses Auto, nicht?", feixt er.

"Die Auskunft war erschöpfend, aber wirklich. Jetzt bin ich selbst schon ganz erschöpft. Nur zwei Dinge weiß ich noch immer nicht: ob mein Rennrad in den Kofferraum passt und ob das überhaupt das richtige Auto für mich ist. Was meinst du?"

"Ich meine, wir sollten gehen, ganz ehrlich. Ich glaube nicht, dass diese Verkäuferin sich dafür interessiert, dass du dein Traumauto kriegst." Beide blicken sie verstohlen in die Richtung, in die Margit verschwunden ist, und weil die Luft rein ist, suchen sie rasch das Weite.

Als Margit Löffler zurückkommt, sind Jürgen und seine Mutter Elisabeth bereits aus dem Autohaus geflohen. Etwas ratlos steht sie da, mit dem Maßstab in der Hand. Warum die beiden gegangen sind, ist ihr schleierhaft. Sie hat sich doch so ins Zeug gelegt!

4.3.1 Menschen wollen, dass man ihnen zuhört

Wenn Sie Abschn. 4.2 gelesen haben, wissen Sie ja schon eine Menge darüber, was bei diesem Verkaufsgespräch alles schiefgelaufen ist. Zum einen ist Margit dem Irrtum aufgesessen, rationale Informationen wären wichtig, und hat mit einer ganzen Lawine an Fakten die Kundin überrollt. Elisabeth und ihr Sohn Jürgen haben das Weite gesucht – im Angesicht von Lawinen aller Art, nicht nur im Gebirge eine sehr vernünftige Entscheidung. Sie hätte stattdessen zuerst herausfinden sollen, was Elisabeth wichtig ist, wofür sie das Auto in erster Linie zu brauchen gedenkt. Margit wollte mit ihrem Fachwissen glänzen, und wir können uns vorstellen, dass gerade in der Autobranche eine Frau ganz besonders ihre Fachkompetenz zeigen muss, um sich zu behaupten und ernst genommen zu werden.

Dennoch – Menschen kommen nicht in einen Verkaufsraum, um dort eine lebende Produktbeschreibung vorzufinden, sondern um als Mensch gesehen, gehört und verstanden zu werden. Der einzige Weg, wie Sie einem Kunden dieses Gefühl geben können, ist, dass Sie ihm Fragen stellen und bei seinen Antworten gut und aufmerksam zuhören. Im Idealfall entspinnt sich daraus ein richtiger Dialog.

Dazu ist es notwendig, dass Sie bereit sind, in die Tiefe zu gehen und mehr zu erfahren als das an der Oberfläche leicht Ersichtliche. Stellen Sie sich vor, Sie befinden sich in Ägypten in einem Urlaubs-Club mit direktem Strandzugang zum Roten Meer. Am Strand finden Sie einen Steg, der 150 m ins Meer hinaus gebaut ist. Sie gehen diesen Steg bis zum Ende. Sie ahnen, dass Sie unter der Wasseroberfläche ein wunderschönes Riff sehen würden – wenn Sie sich den Aufwand antun, Ihre Tauchausrüstung zu holen und hinabzusteigen in diese bunte Korallenwelt. Doch Sie entscheiden sich, am Steg zu bleiben, weil Sie faul sind. Und so sehen Sie im Wasser nur ganz trübe ein paar helle Farbflecken, mehr nicht. Sie könnten es auch mit einem Sprung ins Wasser versuchen und mit einem Schnorchel von der Oberfläche zumindest ein bisschen etwas vom schönen Riff sehen. Doch in den Genuss der ganzen Vielfalt und Farbenpracht der Unterwasserwelt kommen Sie nur, wenn Sie richtig tauchen. Erst da entdecken Sie Dinge, von denen Sie gar nicht geahnt haben, dass es sie gibt!

4.3 Man muss Weltmeister im Kunden-Totreden sein

Beim Verkauf ist das ähnlich: Wenn Sie keine Fragen stellen, werden Sie nur schemenhaft erahnen können, was Ihr Kunde braucht. Wenn Sie ein paar zaghafte Fragen stellen, ist das schon besser, doch professionell ist das immer noch nicht. Wenn Sie ein richtiger Motiv-Taucher sein wollen, müssen Sie schon tiefer gehen und Ihren Kunden in ein Gespräch verwickeln. Ziel ist, dass Ihr Kunde am Ende staunt, dass da jemand vor ihm gesessen hat, der sich für ihn interessiert hat und nicht für irgendwelche Produkte.

> **Festgehalten**
> Um das Kaufmotiv Ihres Kunden zu verstehen, müssen Sie bereit sein, im Gespräch in die Tiefe zu gehen.

Erinnern Sie sich an unsere Aussage in Kap. 1, dass jeder seine eigene Wirklichkeit hat? Vom kleinen Missverständnis bis zum waschechten Konflikt ist Ursache Nummer eins der Irrglaube, dass man genau weiß, was der andere meint. Wenn der beste Freund gerade eine Trennung hinter sich hat, sagt man „Ich weiß genau, wie es dir geht", und klopft ihm tröstend auf die Schulter. Doch nur weil man selbst eine Scheidung hinter sich gebracht hat, heißt das noch lange nicht, dass die des Freundes aus denselben Gründen und genau gleich abgelaufen ist. Er fühlt sich mies wie Sie damals, aber anders. Garantiert! Vielleicht war es bei Ihnen die Liebe Ihres Lebens, die sich trennte, bei ihm war es das nicht. Für Sie brach die Welt zusammen, während er zwar eine Zeitlang trauern wird, aber dann achselzuckend auf zu neuen Ufern schreitet. Niemand kann wissen, wie es im Gehirn und in der Seele eines anderen Menschen genau aussieht. Abb. 4.2 soll dies veranschaulichen.

Genau das ist der Grund, weshalb Sie viel mehr in die Tiefe fragen müssen. Nur so erfahren Sie Details und können das Bild, das Sie sich gerade machen, mit dem Bild im Kopf Ihres Kunden so gut wie möglich annähern. Ident wird es ohnehin nie sein. Einem begeisterten Verkäufer ist bewusst, dass er die Welt seines Kunden nicht genau kennen kann. Er stellt Fragen und hört ihm bedingungslos zu, um so viel wie möglich über seine Vorstellungen zu erfahren.

Abb. 4.2 Ein Wort, zwei Menschen, zwei Bilder. (Eigene Darstellung)

> **Festgehalten**
>
> Wenn Ihr Kunde und Sie über dasselbe sprechen, meinen Sie beide selten dasselbe. Mit den richtigen Fragen können Sie Ihr Bild über seine Wünsche und Vorstellungen möglichst gut schärfen.

Haben Sie Lust auf ein kleines Experiment? Suchen Sie sich zwei Ihnen bekannte Menschen in Ihrem Umfeld und bitten Sie sie, zu drei Begriffen in jeweils 40 s so viele Wörter wie möglich zu notieren, die ihnen spontan einfallen. Sie sollen sich darüber nicht austauschen, sondern einfach aufschreiben, was ihnen in den Kopf schießt. Die drei Begriffe können sein „Arbeit – Liebe – Tradition" oder „Auto – Urlaub – Familie" oder was auch immer Sie möchten. Am besten, Sie nehmen Alltagsbegriffe, zu denen alle möglichst viel Bezug haben. Sie selbst notieren ebenfalls Ihre Assoziationen. Dann vergleichen Sie gemeinsam, wie viele Übereinstimmungen Sie haben – und wir meinen damit exakte Wortgleichheiten, nicht bloß Ähnlichkeiten!

Finden Sie keine oder nur eine Übereinstimmung pro Begriff, dann ist das ganz normal. Wenn wir in unseren Seminaren dieses Experiment durchführen, gibt es selten mehr Gleichheiten. Wenn Sie zwei oder drei Übereinstimmungen entdecken, dann kennen Sie die Person vermutlich schon länger und haben schon öfter miteinander diskutiert. Bei mehr als drei gleichen Wörtern haben Sie Ihre Seelenverwandte gefunden, denn dann ticken Sie wirklich sehr ähnlich. Wobei man genaugenommen noch differenzieren kann, ob man unter ein und demselben Wort auch wirklich dasselbe versteht. Bei der Farbe Gelb etwa hat garantiert jeder eine andere Schattierung vor dem geistigen Auge. Und so ist es auch bei vielen anderen Begriffen.

Gute Verkäufer sind sich dessen bewusst und gehen grundsätzlich davon aus, dass ihr Bild im Kopf nie mit dem Bild im Kopf des Kunden übereinstimmt. Es erfordert ein wenig Erfahrung, die richtigen Fragen zu stellen. Und ein paar Anregungen, die Sie im nächsten Kapitel finden.

4.3.2 Die richtigen Fragen stellen

Um herauszufinden, was die Kundin denkt, um ihr Kaufmotiv kennenzulernen, ihre Absichten, die hinter dem Kauf stehen, muss man Fragen stellen. Nun stellen Sie sich vor, Sie kommen als Kunde in ein Geschäft und Sie geraten an eine Verkäuferin, die unseren Abschn. 4.2 bereits gelesen hat und somit weiß, dass sie sich zuerst um Ihr Kaufmotiv, Ihre Gefühle und Emotionen kümmern muss. Sie überhäuft Sie daher nicht mit Fakten, verwickelt Sie nicht in ein Fachgespräch, sondern stellt Ihnen Fragen, und das nicht zu knapp. Sie bombardiert Sie richtiggehend mit Fragen und Sie fühlen sich nach kurzer Zeit wie eine Zitrone, die gerade ausgequetscht wird. Das nennen wir dann nicht Kunden-Totreden, sondern Kunden-Totfragen.

Das kann es freilich auch nicht sein. Die Fragen müssen wohldosiert und relevant sein. Verlieren Sie nicht aus den Augen, dass Sie ein Gespräch, aber kein Verhör führen wollen. Auch eine Plauderei ist nicht das, was Ihnen und Ihrem Kunden hilft. Der Unterschied zwischen Plauderei und Verkaufsgespräch liegt darin, dass Sie zielgerichtete Fragen stellen, die dazu führen sollen, dass Sie die Welt Ihres Kunden besser verstehen. Denn nur dann können Sie aus Ihrem Portfolio die passende Lösung für ihn vorschlagen. Plaudern hat bloß zum Ziel, Sympathie zu gewinnen oder sich einfach die Zeit zu vertreiben.

Der Unterschied zwischen Verkaufsgespräch und Verhör liegt klar in der Geschmeidigkeit, der Freundlichkeit und Ihrer Bereitschaft, auf das, was der Kunde sagt, auch einzugehen. Bei einem Verhör verschweigt der Fragende, was er mit der Information zu tun beabsichtigt, und das verunsichert den anderen (bei Polizeiverhören genau deshalb so effektiv). Als guter Verkäufer wissen Sie aber, dass Ihr Kunde Sicherheit braucht, um eine gute Entscheidung zu treffen. Stellen Sie also Ihre Fragen, um seinen Bedarf zu verstehen, und teilen Sie auch Ihre Gedanken mit ihm.

Über die emotionalen und faktischen Fragen hinaus können Sie auch strategisch vorgehen, um den emotionalen Wert für den Kunden noch mehr zu betonen. Strategische Fragen leiten sich aus Ihren Stärken bzw. den Stärken Ihres Unternehmens ab. Hier ein paar Beispiele:

Ihre Stärke	eine mögliche Frage dazu
Guter Service und verlässliche Betreuung nach dem Kauf	Was sagen Sie dazu, auch nach dem Kauf Ihren persönlichen Ansprechpartner zu kennen?
Hohe Qualität Ihrer Produkte	Wie wichtig ist es Ihnen, qualitativ hochwertig zu kaufen?
Regionale Herstellung Ihrer Produkte	Wie wichtig ist Ihnen der ökologische Fußabdruck beim Kauf? Wie stehen Sie dazu, regionale Produzenten zu fördern?
Nachgewiesene Langlebigkeit Ihrer Produkte	Wie wichtig ist es Ihnen, lange Freude an diesem Produkt zu haben?

Wenn Sie auf diese Weise gleich mehrere Stärken ausspielen können und der Kunde positiv antwortet, haben Sie schon gewonnen. Sie gehen zunächst – wie gewohnt – gut auf den Kunden ein, fragen ein paar eigene Stärken ab und präsentieren schließlich die Lösung. Dann fügen Sie noch einen strategischen Aspekt hinzu, der auf eine unternehmerische Stärke hinweist, zum Beispiel: „Mit diesem Holzparkett schaffen Sie in Ihrem Wohnzimmer eine gemütliche und edle Atmosphäre – und haben auch noch ein Produkt ‚made in Austria' gekauft!"

Diese strategischen Fragen setzen allerdings voraus, dass Sie sich Ihrer Stärken bzw. der Stärken Ihres Unternehmens und Ihrer Produkte bewusst sind. Im Fachjargon spricht man von den „USP im Verkauf", den „Unique Selling Propositions", auf Deutsch „Alleinstellungsmerkmale". Das sind Leistungsmerkmale, durch die sich ein Produkt oder eine Dienstleistung vom Wettbewerb abhebt. Um Ihre Vorstellung darüber noch zu schärfen, wenn Sie auf die Suche nach Ihren USP gehen, hier noch ein paar Beispiele:

- Sie verkaufen Produkte aus Übersee, die andere Mitbewerber nicht im Programm führen.
- Sie sind Vorreiter und haben neue, trendige Produkte im Sortiment, die erst seit kurzem am Markt sind.
- Wegen Ihrer ausgeklügelten Lagerlogistik sind Ihre Produkte sofort lieferbar.
- Sie bieten eine lebenslange Garantie an, während die Konkurrenz die Garantie zeitlich begrenzt hat.
- Ihre Produkte sind nachweisbar deutlich effizienter als andere.

Wenn Sie in einem größeren Unternehmen arbeiten, hat die Marketingabteilung vielleicht etwas für Sie vorbereitet. Wenn nicht, müssen Sie selbst Sherlock Holmes spielen. Was zeichnet Ihr Unternehmen aus? Was unterscheidet Ihre Produkte von denen der Konkurrenz? Was können Sie in Ihrem Job für den Kunden Besonderes tun? Worauf können Sie wirklich stolz sein? Nehmen Sie sich Zeit für die Antworten auf diese Fragen. Erst wenn Sie drei oder vier dieser Stärken identifiziert haben, können Sie diese in Ihren Gesprächen optimal einsetzen. Auf diese Weise werden Sie garantiert erfolgreicher im Abschluss sein!

> **Festgehalten**
>
> Je klarer Sie sehen, welche Stärken Ihr Produkt und Ihr Unternehmen hat, desto besser können Sie sie dem Kunden kommunizieren und erhöhen somit den emotionalen Wert für den Kunden.

4.3.3 Es ist auch eine Frage der Technik

Fragetechniken gibt es einige, wir zeigen Ihnen an dieser Stelle jedoch eine, die im Grunde ganz einfach ist, sodass Sie sie sehr leicht umsetzen können: das VGZ-Modell, das nicht nur für Verkaufsgespräche gut geeignet ist, sondern auch beim Halten von Reden oder Präsentationen sehr hilfreich ist.

Wir nennen es das VGZ-Modell, weil es nichts anderes fordert, als Fragen zu stellen, die in die Vergangenheit (V), Gegenwart (G) und Zukunft (Z) abzielen. Nehmen wir ein Beispiel aus der Bankbranche: Sie möchten eine Rentenversicherung verkaufen.

Welche Fragen fallen Ihnen ein, die Sie Ihrem Kunden stellen könnten? Möglicherweise diese hier:

- Wie denken Sie aktuell über das Thema Rentenvorsorge? (G)
- Was hat Sie dazu bewegt, sich heute mit mir dazu Gedanken zu machen? (G)
- Was haben Sie bis dato schon in dieses Thema investiert (Geld, Gedanken, …)? (V)
- Wie zufrieden waren Sie bisher damit? (V)
- Wie viel Geld soll in Ihrer Rente monatlich zusätzlich zur Verfügung stehen? (Z)
- Wann wird Ihr Ruhestand beginnen? (Z)
- Wie viel möchten Sie im Monat für Ihre Rentenvorsorge investieren? (Z)
- Welchen Ertrag erwarten Sie sich aus dieser Vorsorge? (Z)
- Welche anderen Ziele in der Zukunft gibt es noch, die wir berücksichtigen müssen? (Z)
- Was ist Ihnen bei diesem Thema sonst noch wichtig? (Grundsatzfrage)

Wenn wir im Seminar diese Übung durchführen, stellen wir jedes Mal dasselbe fest: Die meisten Fragen beziehen sich auf die Zukunft, ein paar beschäftigen sich mit der Gegenwart. Doch nur selten denkt jemand daran, Informationen über die Vergangenheit zu erfragen. Nun, es stimmt schon, das Produkt „Rentenversicherung" weist sehr stark in die Zukunft, nämlich in jene, in der man seinen Ruhestand genießen will, und auch bei anderen Produkten, ob Auto, Kochgeschirr oder Urlaub, denkt man natürlich vorrangig darüber nach, was man einmal damit anzustellen gedenkt.

Dennoch: **Fragen in die Vergangenheit** zeigen Ihnen die Erfahrungswerte Ihres Kunden, positive wie negative. Sie erfahren, welche grundsätzlichen Gedanken sich Ihr Kunde über das Thema schon gemacht hat. Wenn Sie ihn beispielsweise fragen, ob er bereits früher schon eine solche Versicherung abgeschlossen hat und was der Grund ist, weshalb er eine weitere haben möchte, dann erfahren Sie Entscheidendes. Etwa, dass die alte Versicherung damals mit einer zu geringen Prämie abgeschlossen worden war, weil er sich nicht mehr leisten konnte, sodass die künftige Rente bei Weitem nicht ausreicht. Im weiteren Gespräch erfahren Sie so, dass er vielleicht heute deutlich mehr verdient – eine wichtige Information für Sie!

Fragen Sie unbedingt auch, was Ihr Kunde bereits getan hat, um sein Ziel zu erreichen. Vielleicht hat er sich mit Freunden darüber unterhalten und ist über eine Empfehlung zu Ihnen gekommen. Finden Sie heraus, wie viel er über Rentenvorsorge grundsätzlich schon weiß, dann passiert es Ihnen nicht, dass Sie ihn später mit Informationen langweilen, die er schon weiß. Möglicherweise hat er im Internet viel recherchiert. Falls Sie an dieser Stelle versucht sind, die Augen zu verdrehen: Mag sein, dass er im Internet nur Halbwissen vorgefunden hat. Wir empfehlen Ihnen dennoch dringend, ihm trotzdem zu signalisieren, dass Sie ihn ernst nehmen. Fragen Sie ganz konkret: Welche Informationen haben Sie schon recherchiert? Das signalisiert Ihrem Kunden Wertschätzung. Manche Verkäufer wagen die Frage nach dem Internet nicht, weil sie sich fürchten, der Kunde könnte mehr wissen als er selbst. Machen Sie sich keine Sorgen. Mit Ihren Fragen sollen Sie ja nicht den Unterschied Ihres Wissensstandes und dem Ihres Kunden benoten. Es geht darum herauszufinden, was ihm besonders wichtig ist. Und falls Sie gerade darüber nachdenken, dass ein Kunde, der im Internet recherchiert, verdächtig ist, bei Ihnen ja doch nur Infos abzusaugen, weil er bestimmt im Internet und nicht bei Ihnen kauft: Lesen Sie Abschn. 4.7. Wir haben zu diesem Thema ein ganzes Kapitel für Sie geschrieben.

Fragen in die Gegenwart beziehen sich hingegen auf die gerade aktuelle Situation: „Was ist Ihnen jetzt gerade wichtig? Welches Ergebnis erwarten Sie sich aus unserem Gespräch?" Die Antwort darauf ist ebenfalls sehr aufschlussreich für Sie: „Ich möchte mich nur einmal orientieren" oder „Ich interessiere mich ganz konkret für dieses Produkt" oder „Ich möchte heute mit einem Vertrag in der Tasche nach Hause gehen". Jede dieser drei Antworten wird Ihr Gespräch wesentlich prägen. Sie erfahren auch die Beweggründe dafür, weshalb er heute mit Ihnen bereit ist, über das Thema nachzudenken. Oft gibt es kleine oder auch massive Einflüsse, die Menschen dazu bringen, jetzt etwas zu unternehmen.

Fragen in die Zukunft sind wichtig, damit Sie wissen, wie das Ziel Ihres Kunden konkret aussieht. Sie sollen möglichst positiv sein – ein Wunsch, ein Ziel, ein Traum, das sind Dinge, über die Ihr Kunde bestimmt viel zu erzählen hat. Er möchte, dass sich etwas zum Positiven verändert. Die Frage ist nur: Was genau? Wir erleben es immer wieder, dass Kunden ein konkretes Ziel vor Augen haben, jedoch nicht genau wissen, wie sie es erreichen können. Oder sie haben eine Idee, was sie kaufen möchten, doch kennen sie ihr Ziel nicht oder nicht genau genug. Ohne klares Ziel kann es passieren, dass sie zwar etwas kaufen, dann aber nicht zufrieden sind.

Es ist Ihre Aufgabe, dieses Bild gemeinsam mit dem Kunden zu entwickeln und es für ihn sichtbar zu machen. Was soll am Ende anders sein? Wann soll das Ziel erreicht sein? Was ist auf dem Weg dorthin wichtig zu bedenken? Tappen Sie nicht in jene Falle, die wir weiter oben schon beschrieben haben: Glauben Sie nicht, dass Sie genau wissen, was nicht einmal der Kunde noch genau weiß!

Abb. 4.3 veranschaulicht Ihnen nochmal diese Fragetechnik. Am besten beginnen Sie mit einer Frage nach der gegenwärtigen Situation. Anschließend bemühen Sie sich um etwa drei bis fünf Fragen, in der Sie die Vergangenheit Ihres Kunden kennenlernen, dann leiten Sie über zur Zukunft, für die Sie sich etwa fünf bis sieben Fragen einfallen lassen.

Margit, unsere Autoverkäuferin, hätte ihr Gespräch also besser mit einer Frage über die Gegenwart starten sollen: „Was erwarten Sie sich aus unserem Gespräch?" Danach hätte sie die Vergangenheit beleuchten sollen. Sie hätte beispielsweise fragen können: „Welches Auto

4.3 Man muss Weltmeister im Kunden-Totreden sein

Abb. 4.3 Das VGZ-Modell. (Eigene Darstellung)

fahren Sie derzeit?" Dann hätte Elisabeth geantwortet: „Einen Clio." Margits nächste Fragen könnten lauten: „Was hat Ihnen am Clio gut gefallen?" Elisabeth hätte darüber gesprochen, wie praktisch es ist, dass man mit dem kleinen Clio viel leichter einen Parkplatz findet, und dass er so schön wendig ist. Die Frage „Welches Auto fahren Sie derzeit?" zielt übrigens nicht auf die Gegenwart ab, wie man annehmen könnte, sondern auf die Vergangenheit – Elisabeth hat das Auto in der Vergangenheit gekauft entsprechend ihrer damaligen Kaufmotive.

Als nächstes hätte Margit langsam auf Fragen von der Vergangenheit in Richtung Zukunft überleiten können: „Was gefällt Ihnen am Clio gar nicht? Was soll das nächste Auto können, das der Clio auch schon konnte? Was soll auf alle Fälle anders sein, was Sie bisher gestört hat?" – „Der Clio ist viel zu klein", hätte Elisabeth daraufhin gesagt. „Wissen Sie, ich fahre seit zwei Jahren regelmäßig Rennrad und es ist so mühsam, jedes Mal Vorder- und Hinterrad abzumontieren, damit es ins Auto passt. Jetzt hätte ich gern eines, in das mein Rad passt, ohne dass ich herumschrauben muss." Und schon hätte Margit das primäre Kaufmotiv gewusst. „Was soll das neue Auto sonst noch alles können? Wer fährt alles damit? Wie viele Kilometer fahren Sie pro Monat in etwa? Wie regelmäßig fahren Sie?" Das wären weitere Fragen, die Margit stellen hätte können, um sich ein möglichst umfassendes Bild über ihre Kundin machen zu können.

> **Festgehalten**
>
> Um den Wunsch des Kunden so gut wie möglich kennenzulernen, müssen Sie zielgerichtete Fragen stellen: 1 bis 2 zur Gegenwart, etwa 5 über die Vergangenheit und 5 bis 7 über die Zukunft.

Die richtigen Fragen zu finden, ist der Schlüssel. Probieren Sie es einfach aus und bleiben Sie aufmerksam, was Sie mit Ihren Fragen tatsächlich herausfinden. Bei Bedarf feilen Sie an ihnen. Damit Ihnen das etwas leichter fällt, haben wir noch ein paar Beispiele für Sie:

Ein Kunde im Reisebüro hat …

- … aktuell den Wunsch, Urlaub zu machen, sonst wäre er nicht da. (G)
- … bestimmt schon einmal Urlaub gemacht. (V)
- … vermutlich eine Vorstellung darüber, wie sein Traumurlaub aussieht. (Z)

Eine Kundin, die zu ihrer Friseurin geht, hat …

- … sicher den Wunsch, hübsch auszusehen. (G)
- … sehr wahrscheinlich bereits Haarpflegeprodukte ausprobiert und vermutlich schon einmal einen Haarschnitt bekommen. (V)
- … den Wunsch, die neue Frisur daheim auch selbst stylen zu können. (Z)

Ein Kunde im Baumarkt auf der Suche nach einem Akkubohrer hat …

- … den Wunsch, ein für ihn vernünftiges Gerät zu kaufen. (G)
- … entweder schon einen Akkubohrer besessen oder er hat vom vielen Schraubendrehen schon Schwielen an den Händen. (V)

- … sich vielleicht nun dazu entschlossen, sich endlich ein Qualitätsprodukt zu kaufen und nicht wieder an der falschen Stelle zu sparen. (Z)

> **Nehmen Sie Haltung an**
> - Verkaufen heißt nicht, dass Sie den Kunden mit Ihrem Wissen oder Ihrer Eloquenz beeindrucken sollen. Verkaufen heißt, dass Sie herausfinden, was er wirklich braucht, damit er sich seinen Wunsch erfüllen kann.
> - Das Bild, das Sie im Kopf haben, ist nie ident mit dem Bild des Kunden.
> - Daher müssen Sie weniger reden und viel mehr Fragen stellen, um einen Bildabgleich zu schaffen.
> - Das VGZ-Modell unterstützt Sie dabei.

4.4 Der Kunde ist mit Vorsicht zu genießen

> Es ist weit verbreitet, dass Verkäufer sich den Kunden nicht direkt ansprechen trauen und Angst vor Zurückweisung haben. Weil der Kunde könnte böse sein. Oder gemein. Oder verletzend. Ein begeisterter Verkäufer jedoch freut sich auf jede Begegnung. Und bekommt er ein Nein zu hören, versteht er das nicht als Niederlage, sondern als Orientierungshilfe. Im schlimmsten Fall hat er „nur" einen Menschen kennengelernt!

Martina, die Verkäuferin der Innenstadt-Boutique aus Kap. 1, muss mit der Tageslosung zur Bank. Das Wetter zeigt sich wieder einmal in tristem Grau, und das, obwohl schon Mai ist. Martinas Laune ist ebenso grau wie der Himmel, wie immer. Einzig die Tatsache, dass sie den Pflichtweg zur Bank mit einem privaten Anliegen verbinden kann, ist ein kleiner Lichtblick. Sie haben in der Boutique nämlich ziemlich alte Entsicherungsgeräte für die Diebstahlsicherung der Kleidungsstücke, die ein regelrechter Bankkartenkiller sind. Wenn man mit einer Bankkarte zu nahe kommt, wird sie kaputt. Genau das ist ihr nun auch mit ihrer eigenen Karte passiert.

Schon als die automatischen Türen der Filiale aufgehen, sieht sie in der Mitte des Raumes einen jungen Bankangestellten stehen, der sie umgehend fixiert. „Au weia", *denkt sie,* „der will mir etwas andrehen." *Als sie näherkommt, sieht sie auch schon ein Prospekt über Unfallversicherungen in seiner Hand.*

Wie befürchtet spricht er sie an. „Gnädige Frau, ich sehe, Sie sind mit dem Auto unterwegs", *sagt er und deutet auf den Autoschlüssel, den sie in der Hand hält.* „Stellen Sie sich vor, Sie fahren nach Hause und an der nächsten Ampel übersieht der Querverkehr, dass er rot hat und rast in Ihr Auto. Und Sie landen im Rollstuhl. Für solche Fälle haben wir eine Unfallversicherung für Sie ..."

„Was bilden Sie sich ein!", *faucht Martina in an.* „Erstens bin ich eine äußerst aufmerksame und gute Autofahrerin. Nur weil ich eine Frau bin, brauchen Sie nicht glauben, dass ich nicht Autofahren kann. Und zweitens: Was für eine Horrorgeschichte tischen Sie mir da auf! Sie glauben doch nicht im Ernst, dass Sie mir auf diese Weise etwas verkaufen können!"

„Nein, nein", *stammelt der junge Mann erschrocken,* „ich wollte doch nur ganz unverbindlich fragen, ob Sie Interesse ..."

„Sparen Sie sich das", *sagt Martina. Sie knallt ihm ihre Bankkarte auf das Pult, das neben ihm steht, sodass der Stapel mit den Prospekten bedrohlich zu rutschen beginnt.* „Meine Bankkarte ist kaputt. Bestellen Sie mir bitte eine neue. Und sorgen Sie dafür, dass sie mir an meine Wohnadresse geschickt wird, denn ich habe echt keine Lust, ständig bei Ihnen hier aufkreuzen zu müssen."

„Ja, selbstverständlich." *Der junge Mann bekommt nun auch noch einen hochroten Kopf, was Martina erst recht in Kampfstimmung bringt. Während er in seinem Notebook auf dem Pult nach Martinas Kontodaten sucht, schleudert sie ihm ein* „Komme gleich wieder" *entgegen und stöckelt mit forschem Schritt zu den Schließfächern, um das Täschchen mit der Tageslosung loszuwerden. Als sie zurückkommt, hat der junge Mann alles bereits in die Wege geleitet.*

„Die Karte ist bereits bestellt", *sagt er,* „und wird in Kürze bei Ihnen zu Hause sein."

Martina bedankt sich knapp, dann ist sie eine Staubwolke. Der junge Bankangestellte atmet tief durch. Wie er befürchtet hat. Er kann das einfach nicht, auf Biegen und Brechen Kunden anzusprechen und ihnen eine Unfallversicherung zu verkaufen. Als sein Chef ihm heute Morgen kurz vor dem Aufsperren der Filiale eröffnet hat, dass er bis heute Abend fünfzehn

Menschen eine Unfallversicherung verkaufen muss, wäre er am liebsten gleich wieder heimgegangen. „Das geht nie", hat er sich gedacht, „die fressen mich alle mit Haut und Haaren, wenn ich sie einfach so anspreche."
Und genau so ist es ja auch, wie man gerade gesehen hat!

4.4.1 Eine Frage der Grundhaltung: Menschen sind im Grunde gut

Der arme junge Bankangestellte hat hier gleich mehrere Probleme: Zum einen fehlt ihm – ähnlich wie Martina – der positive Blick auf das, was vor ihm liegt. Zum anderen scheint er eine grundsätzliche Skepsis oder Scheu den Kunden gegenüber zu haben. Und außerdem dürfte er einen Chef haben, der auch nicht so ganz den realistischen Zugang zum Verkauf hat. Fünfzehn Verkaufsabschlüsse an einem Tag durch Kaltakquise, das würde wohl dem besten Verkäufer aller Zeiten kaum gelingen! Und wenn doch, dann möchten wir diese Form des Verkaufens in die Kategorie „Aktionismus mit mangelhafter qualitätsvoller Kundenorientierung" einordnen. Von dieser Form des druckvollen Verkaufs distanzieren wir uns ganz vehement. Gleichzeitig finden wir Vertriebsaktionen mit proaktiver Kundenansprache für den Unternehmenserfolg absolut wichtig und sinnvoll. Doch Produktverkauf in dieser Form kann auch kundenorientiert umgesetzt werden. Doch der Reihe nach. Beginnen wir mit dem Vorurteil, Kunden wären eine ganz spezielle Spezies, der eine gewisse Bösartigkeit naturgegeben ist.

Quer durch alle Branchen erleben wir immer wieder, dass Verkäuferinnen und Verkäufer vor allem bei der aktiven Kundenansprache zaudern und zögern. Sie würden viel lieber warten, dass der Kunde auf sie zukommt und sagt, was er möchte. Warum eigentlich? Man spricht einen Menschen an, und der ist bereit zuzuhören oder nicht, mehr ist da nicht! Wenn er Nein sagt, dann geht er eben. Es ist nicht anders, als wenn man auf der Straße jemanden um die Uhrzeit fragt und der einem keine Auskunft geben kann. Da würden Sie sich doch auch nicht fürchten, oder? Nie im Leben würden Sie auf die Idee kommen, der andere könnte Ihnen einen linken Haken verpassen, nur weil Sie von ihm wissen wollten, wie spät es ist.

Dennoch scheint man im Verkauf anderer Meinung zu sein und dem potenziellen Kunden zuzutrauen, dass er einem nach Leib und Leben trachtet, wenn man ihn fragt, ob er Interesse an einem Gespräch hat. Verkäuferinnen und Verkäufer fürchten das Nein des Kunden wie der Teufel das Weihwasser. Als wäre das existenzvernichtend! Wir glauben, dass viele da etwas verwechseln. Sie beziehen das Nein des Kunden nämlich auf sich selbst. Als wäre es eine Niederlage, eine Beleidigung. Deshalb nähern sie sich den Kunden so vorsichtig.

> **Festgehalten**
>
> Wenn ein Kunde Nein sagt, meint er das nicht persönlich. Es ist keine Geringschätzung Ihrer Person, sondern bloß ein nicht vorhandenes Interesse am Produkt.

Aus Kap. 1 wissen Sie aber schon: Wenn Sie einem Kaltakquise-Gespräch gegenüber schon von vornherein negativ eingestellt sind, dann wird das wohl schwierig werden mit dem positiven Abschluss. Denn dann verhalten Sie sich womöglich ähnlich wie unser armer Bankangestellter, der nervös und mit hochrotem Kopf seinen Knoten im Kopf auflösen will und dabei über seine eigenen Gehirnwindungen stolpert. Er stammelt eine ungeschickte Geschichte daher und die Wahrscheinlichkeit, dass sie der Kundin in die falsche Kehle kommt, ist groß. Noch dazu, wenn es eine Kundin wie Martina ist, die vom Wetter und überhaupt von den stets widrigen Umständen ihres Lebens schlecht gelaunt ist. Sie kennen Martina ja schon und wissen, woher ihr Unmut kommt. Der Bankangestellte kennt sie jedoch nicht und bezieht ihr aggressives Verhalten auf sich selbst. Blöd gelaufen!

Es ist daher Zeit, eine Lanze für alle Kunden dieser Welt zu brechen. Kunden sind auch nur Menschen. Sie haben einen guten oder einen schlechten Tag, was Sie aber vorher nicht wissen können. Im Normalfall hat das Nein Ihres Kunden nichts mit Ihnen zu tun, sondern mit anderen Umständen: weil er gerade keine Zeit hat oder vorher Streit hatte und immer noch grollt oder weil er sich gerade über sich selbst ärgert, aus welchem Grund auch immer.

Im Übrigen geht es den Kunden genauso wie Ihnen. So, wie Sie sich vor einem Nein fürchten, fürchten sich Kunden vor Ihrem Ja. Wenn sie in eine Bankfiliale gehen und draußen prangt die Ankündigung „Aktionstage: Gratis Autobahnvignette bis 31.12.", fürchten sie sich beim Hineingehen nämlich schon, von Ihnen angesprochen zu werden. Denn sie ahnen schon, dass diese „gratis" Autobahnvignette nicht ganz so gratis sein wird. Das bekommen sie bestimmt nur, wenn sie einen Bausparvertrag unterschrieben haben oder Wertpapiere kaufen. In einem Verkaufsgespräch haben also beide eine Befürchtung, nur eben jeweils vom Gegensätzlichen.

Ist das nicht schade? Furcht ist kein gutes Gefühl. Zumindest Sie als Verkäuferin oder Verkäufer können dafür sorgen, dass Sie diese Befürchtungen wegbekommen, indem Sie sich ein neues Bild über Ihre Kunden zurechtlegen. Und nicht nur das, Sie können noch mehr tun. Lesen Sie weiter!

4.4.2 Vertriebsaktion – das Schreckgespenst des Verkäufers

Es gibt wohl kaum eine Situation im Verkauf, die so unbeliebt ist wie eine Vertriebsaktion oder das Setzen von Vertriebsschwerpunkten. Das Unternehmen möchte ein bestimmtes Produkt oder eine Dienstleistung verstärkt anbieten und beauftragt seine Verkäufer, Kunden darauf gezielt anzusprechen. Die betroffenen Verkäuferinnen und Verkäufer in unseren Seminaren erleben wir oft als widerwillig. Sie empfinden das als „Keilerei" und haben den Eindruck, sich anbiedern zu müssen. Sie arbeiten dann unter Zwang, dementsprechend nur halbherzig und wenig erfolgreich. „Viel lieber führe ich Gespräche mit Kunden, die etwas brauchen, anstatt einem Kunden ein Produkt aufs Auge zu drücken, das sie nicht brauchen", sagen sie.

Genau hier liegt ein schwerwiegendes strategisches Missverständnis. Denn es ist nicht Ziel solcher Aktionen, jemandem etwas „aufs Auge zu drücken". Nicht anders als beim bedarfsorientierten Verkaufsgespräch geht es letztlich schlicht und ergreifend darum, einen Kunden bei seiner Entscheidungsfindung zu begleiten, damit er die für sich richtige Wahl trifft. Das ist immer das große Ziel. Nur im Detail liegen die feinen Unterschiede, die jedoch in keiner Weise so erschreckend sind, wie sie wahrgenommen werden:

- Beim **bedarfsorientierten Ansatz** ist es das Ziel des Verkäufers, gemeinsam mit dem Kunden seinem Bedarf entsprechend das für ihn richtige Produkt oder die richtige Dienstleistung zu finden. Der ideale nächste Schritt ist der Kauf.
- Beim **produktorientierten Ansatz** kommt der Verkäufer auf den Kunden zu, um ihn auf ein spezielles Produkt oder eine spezielle Dienstleistung anzusprechen. Der ideale nächste Schritt ist das Verkaufsgespräch, um herauszufinden, wie die Idee zum Kunden passt.

Etwas pointiert könnte man sagen: Beim bedarfsorientierten Ansatz sucht der Verkäufer für einen bestimmten Kunden das passende Produkt. Beim produktorientierten Ansatz sucht der Verkäufer für ein bestimmtes Produkt den passenden Kunden. In beiden Fällen steht der emotionale Aspekt für den Kunden im Fokus – also seine Gefühle und sein Kaufmotiv – und nicht das Produkt selbst.

Wie es sich für ein ordentliches Schreckgespenst gehört, verbreitet jede Vertriebsaktion Furcht und vor allem Missverständnisse. Selbst jene Verkäuferinnen und Verkäufer, die wunderbare, empathische, interessierte Kundengespräche führen, verfallen scheinbar in Schockstarre und texten den Kunden zu mit Details, als wäre Kunden-Totreden die Königsdisziplin. Man könnte es einem Kunden eigentlich gar nicht verübeln, würde er tatsächlich bösartig aufspringen und dem Verkäufer an die Gurgel springen, aus purer Notwehr heraus! Zum Glück sind Kunden jedoch gut erzogen und viel zu freundlich, um solchen Impulsen nachzugeben.

Festgehalten
Beim bedarfsorientierten Ansatz sucht der Verkäufer für einen bestimmten Kunden das passende Produkt. Beim produktorientierten Ansatz sucht der Verkäufer für ein bestimmtes Produkt den passenden Kunden.

4.4 Der Kunde ist mit Vorsicht zu genießen

Was die meisten nämlich völlig vergessen, ist, dass der Kunde als Mensch ja nicht anders ist, nur weil in diesem Fall Sie die Initiative ergreifen. Auch in so einer Situation möchte er als Mensch wahrgenommen werden. Er möchte das Gefühl haben, dass Sie an ihm als Person interessiert sind. Er braucht den Eindruck, dass er Ihnen gegenüber Vertrauen und Sympathie finden kann. Wenn Sie ihn sofort nach der kurzen Begrüßung nur mit Produktdetails zutexten, geben Sie ein klares Signal, dass es Ihnen nur um das Produkt geht. Das ist ein Irrweg.

Das Mindeste, das ein Kunde von Ihnen braucht, ist die Information, inwieweit Ihr Angebot einen Vorteil für ihn darstellt. Wenn der Vorteil, den Sie ihm nennen, für ihn interessant ist, wird er bereit sein für ein ausführlicheres Gespräch mit Ihnen. Voilà – mehr kann man von einer Vertriebsaktion gar nicht verlangen.

> **Festgehalten**
> Auch bei einer Vertriebsaktion ist der Kunde das, was er auch sonst in erster Linie ist: ein Mensch, der emotional abgeholt werden möchte.

Also – nehmen Sie sich ein Herz. Wenn Ihre Chefin die nächste Vertriebsaktion beauftragt oder Sie vielleicht gar selbst auf die Idee kommen, einen bestimmten Produktschwerpunkt zu setzen, überlegen Sie als Erstes, welchen Vorteil Ihr Kunde daraus haben kann, mit Ihnen gemeinsam über Ihre Idee nachzudenken. Diese Überlegung ist unerlässlich! Erst dann gehen Sie auf ihn zu und sprechen ihn an. Abb. 4.4

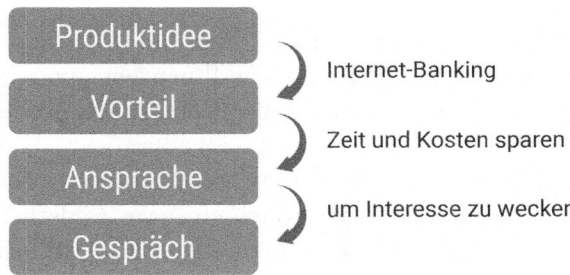

Abb. 4.4 Der Vorbereitungsprozess in einer Vertriebsaktion. (Eigene Darstellung)

zeigt, wie der Vorbereitungsprozess in einer Vertriebsaktion ablaufen soll. Viele Verkäuferinnen und Verkäufer machen den Fehler, den Kunden gleich mit der Produktidee direkt anzusprechen. Sie vergessen, sich einen Vorteil zu überlegen.

Noch ein Vorurteil wirkt sich bei Vertriebsaktionen negativ auf Ihre Motivation und auch Ihren Erfolg aus: der Glaube, eine Kundenansprache wäre nur dann erfolgreich, wenn sie mit einem Verkaufsabschluss endet. Ihr Ehrgeiz in allen Ehren – doch diese Haltung bringt Ihnen nichts als Stress. Wir empfehlen Ihnen, die Sache deutlich entspannter anzugehen. Denn das einzige Ziel für eine solche Ansprache kann es sein, dass Ihr Kunde Interesse an einem weiteren Gespräch zeigt. Endet die Ansprache mit einem Abschluss, ist es gut. Endet sie mit einem Interesse an weiteren Informationen, ist es perfekt. Endet sie mit einem Nein des Kunden, sehen Sie es dennoch als Gewinn: Sie sind um eine Information reicher (und wissen, dass dieser Kunde im Augenblick kein Interesse hat) und Sie haben zumindest einen neuen Menschen kennengelernt. Wer weiß, vielleicht kommt dieser Mensch zu einem anderen Zeitpunkt auf Sie zu, weil er sich erinnert, dass Sie ihn damals angesprochen haben.

> **Festgehalten**
> Eine Kundenansprache ist dann erfolgreich, wenn Sie beim Kunden das Interesse an einem weiteren Gespräch wecken konnten.

4.4.3 Jede Kundenansprache ist ein Gewinn

Diese Haltung liegt unserem Modell zugrunde, das wir Ihnen zur Verfügung stellen: das EVA-Modell, das Ihnen ein guter Leitfaden ist für jede aktive Kundenansprache, egal ob persönlich oder am Telefon oder per Mail (vgl. Abb. 4.5).

Ein Beispiel: In der Bankfiliale sieht der Verkäufer, wie ein Kunde im Selbstbedienungsbereich umständlich ein paar Zahlscheine ausfüllt, abstempelt und in das Gerät einschiebt. Diese Gelegenheit nutzt der Verkäufer. Er fragt sich zunächst, mit welcher Idee er dem Kunden das Leben bequemer machen kann. Dann spricht er ihn an: „Guten Tag,

4.4 Der Kunde ist mit Vorsicht zu genießen

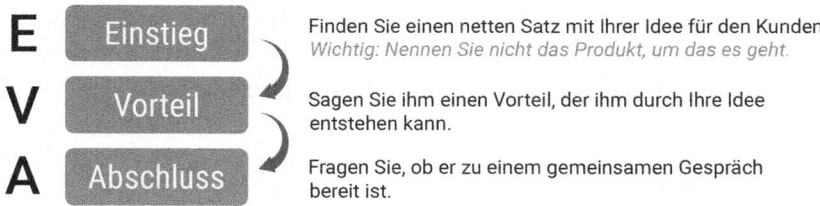

Abb. 4.5 Das EVA-Modell. (Eigene Darstellung)

weil ich Sie gerade beim Einscannen Ihrer Belege sehe: Ich habe eine Idee für Sie." Das ist ein freundlicher, unaufdringlicher **Einstieg**. Wenn der Kunde in Ruhe gelassen werden möchte, wird er sagen „Nein, danke" – und die Sache ist erledigt.

Wenn er aufhorcht und Interesse signalisiert, spricht der Verkäufer weiter: „Ich zeige Ihnen, wie Sie sich viel Zeit und Geld sparen können und nicht jedes Mal in die Filiale kommen müssen, um Überweisungen zu tätigen. Stattdessen könnten Sie zu jeder Zeit, rund um die Uhr, Ihre Bankgeschäfte erledigen." Nun hat er den **Vorteil** (und auch den Nutzen) für den Kunden angesprochen. „Ich möchte Ihnen das gerne vorstellen. Haben Sie ein paar Minuten Zeit, um mit mir zu kommen?" – Dies ist die **Abschlussfrage**. Der Kunde hat nun wiederum die Möglichkeit, sich zu entscheiden.

In dieser kurzen Gesprächssequenz geht es überhaupt noch nicht darum, etwas zu verkaufen, sondern lediglich um eine Einladung zum Dialog, mehr nicht! Schlimmstenfalls schlägt der Kunde Ihre Einladung aus. Das heißt: Ihr Ziel ist nicht, einen Verkaufsabschluss zu tätigen, sondern Ihr Ziel ist, eine Einladung für ein Gespräch zu kommunizieren. Das haben Sie geschafft, und es hat gerade einmal 30 s gedauert. Die meisten Verkäufer wollen in diesen ersten 30 s bereits ein Produkt verkaufen – und das wird üblicherweise nicht gelingen.

Um einen Kunden nach der EVA-Methode anzusprechen, brauchen Sie bloß ein bisschen Mut – Mut, einen Kunden auf etwas anzusprechen, das er bislang noch nicht gekannt hat. Es ist viel einfacher, mutig zu sein, wenn Sie sich gar nicht erst penetrant fühlen, nicht aufdringlich. Nach der EVA-Methode kann Ihnen grundsätzlich kein Misserfolg passieren, denn Sie schlagen nur etwas vor, nicht mehr und nicht weniger. Sie wollen erkunden, ob der andere Interesse hat oder nicht. Wenn Sie ein „Nein, danke" hören, ist alles klar und der Kunde kann selbst entscheiden, ob er später vielleicht doch Interesse hat.

> **Festgehalten**
>
> Einen Kunden auf etwas aufmerksam zu machen, das er bislang noch nicht gekannt hat bzw. noch nicht nutzt, ist in keiner Weise aufdringlich oder penetrant. Sondern bloß ein Hinweis auf einen Vorteil (und auch den Nutzen), der für ihn interessant sein könnte.

4.4.4 Seien Sie ambitioniert und realistisch, was Ihre Ziele anlangt

Der Chef unseres Bankangestellten forderte, dass er im Laufe des Tages fünfzehn Unfallversicherungen abschließen sollte, und das mittels Kaltakquise. Nun, ob es realistisch ist, so viele Verträge abzuschließen, das hängt natürlich von der Kundenfrequenz in der Filiale ab. In einer kleinen Vorstadtfiliale ist das möglicherweise utopisch und es ist kein Wunder, wenn der junge Mann verzagt. Denn überlegen wir einmal realistisch: Nehmen wir an, diese Filiale besuchen täglich 100 Kunden. Alle 100 anzusprechen, ist nicht möglich. Realistischer ist, dass er 30 Kunden herausfiltert, bei denen die Situation gerade passend ist und es Indikatoren gibt, die eine gewisse Erfolgswahrscheinlichkeiten versprechen – etwa das Alter.

Doch auch die Wahrscheinlichkeit, dass alle 30 Zeit für ein Gespräch haben, ist nicht realistisch. Es werden vielmehr eher nur 15 sein, die die Zeit haben und auch die Bereitschaft. Von den 15 Kunden, denen Sie Ihren Vorschlag näher unterbreiten können, werden – wenn es gut geht – vielleicht 5 Kunden den Vertrag unterschreiben. Das ist für den Anfang ambitioniert und realistisch. Möchte Ihr Chef also, dass Sie 15 Abschlüsse schaffen, so müssen Sie sich vor Augen halten, dass Sie das niemals an einem Tag, sondern eher in drei Tagen schaffen werden.

Wenn Sie sich auf diese Weise Ihre Ziele neu stecken, sorgen Sie dafür, weniger Stress zu empfinden. Es gilt immer das Gesetz der großen Zahl. Machen Sie die Potenzialmenge so groß, dass ein Scheitern unmöglich ist. Rechnen Sie von vornherein damit, dass nur ein Bruchteil der angesprochenen Personen Interesse haben und noch einmal nur ein Bruchteil einen Abschluss tätigt. Dann müssen Sie sich vor Ihren Kunden auch nicht länger fürchten!

> **Nehmen Sie Haltung an**
> - Kunden sind Menschen wie du und ich. Sie haben vielleicht einen schlechten Tag oder aus Ihrer Sicht seltsame Gewohnheiten, aber sie sind im Grunde gut und freundlich.
> - Wenn Sie aktiv auf Sie zugehen wollen – etwa bei einer Vertriebsaktion –, sollten Sie sich von ein paar Vorurteilen verabschieden:
>   - Ein Nein des Kunden bezieht sich auf das Produkt oder die Dienstleistung, nicht auf Ihre Person.
>   - Kunden wollen auch in dieser Situation emotional abgeholt werden.
>   - Ziel einer Kundenansprache ist das Gespräch, nicht der Kaufabschluss.

4.5 Verkaufen ist eine Raketenwissenschaft

> Verkaufen, meinen viele, kann man nur, wenn man alle Techniken beherrscht, von der richtigen Begrüßung bis zur Einwandbehandlung. Dabei ist es die einfachste Sache der Welt! Es geht darum, mit einem Menschen im Dialog zu sein, sein Ziel kennenzulernen und ihn zu unterstützen, das Richtige zu wählen. Dafür reichen wenige und kurze Leitfäden zur Orientierung. Besser täglich kleine Schritte als lange To-do-Listen, die man nie umsetzt. Um gut zu verkaufen, braucht man keine Supertricks.

Es ist heiß und stickig im Raum und die Luft steht, obwohl alle Fenster und Türen offenstehen, wie immer im Sommer. Jürgen wischt sich den Schweiß unter der Nase weg und nippt an seinem Drink, der, obwohl alkoholfrei, dennoch nicht hilft gegen den Durst, den die Hitze verursacht. Er winkt Tom und bestellt eine Flasche Mineralwasser, die kurz darauf samt Glas vor ihm auf dem Bartresen steht. Es ist mäßig voll in Toms „T-Bar & Lounge", Jürgens Stammlokal. Die meisten sitzen draußen vor dem Lokal, wo Tom ein paar Tischchen aufgestellt hat. Drinnen sind nur zwei Tische gleich neben den Fenstern besetzt – und am anderen Ende der Bar steht eine Blondine, die es ihm angetan hat.

Irgendwie kommt sie ihm bekannt vor, aber er kommt nicht dahinter, woher.

Tom, der gerade den Tresen vor ihm abwischt, entgeht nicht, dass Jürgen dauernd zu dieser Blondine hinschaut. „Die sieht süß aus, oder?" Jürgen nickt langsam und bedächtig. Und seufzt.

„Kennst du sie? Ich glaube, die habe ich schon mal wo gesehen", fragt er.

„Die war ab und zu hier, aber kennen? Nein. Frag sie doch." Tom knufft ihn aufmunternd in den Oberarm.

„Ah, ich weiß nicht. Ich kann doch nicht hingehen und sie fragen, ob wir uns kennen. Das ist ja der schnarchlangweiligste Anmachspruch überhaupt!"

Tom grinst ihn kopfschüttelnd an. „Du bist so ein Feigling, aber echt!"

Ob sie vielleicht einmal bei ihm im Geschäft war? Er sieht ja jeden Tag so viele Gesichter! Kann schon sein, dass sie bei ihm einmal etwas gekauft hat. Aber sie einfach fragen – nein, das kommt wirklich nicht infrage. Und ja, Tom hat schon Recht. Er ist ein Feigling, wenn es ums andere Geschlecht geht. Er ist halt einfach schüchtern, ist halt so. Blöd ist nur, dass er schon seit einem Jahr solo ist, und wenn er nicht bald mutiger wird, wird er noch als einsamer Junggeselle sterben.

Vielleicht sollte er einmal so ein Flirt-Seminar besuchen. Er hat sich im Internet schon einmal schlau gemacht. Da lernt man, wie man eine Frau verführen kann, und zwar mit Garantie, wie auf den Homepages steht. Wahrscheinlich lernt man da Anmachsprüche, und zwar solche, die nicht schon einen langen Bart haben. Und wann der richtige Zeitpunkt ist, um solche Schönheiten anzusprechen. ‚Entfalte deine Kraft als Mann' stand auf einer der Seiten. Da hat er weggeklickt. Das war ihm zu peinlich.

Jürgen seufzt. Um von so einer hübschen Person ernst genommen zu werden, müsste er ja sowieso erst einmal zehn Kilo abnehmen. Da fällt ihm ein, dass er sich das schon vor ein paar Monaten vorgenommen hat, als er widerwillig seinen Verkaufsjob annehmen musste. Abgenommen hat er aber noch kein Gramm. Außerdem hat er vorhin gerade festgestellt, dass sein T-Shirt unten am Saum einen kleinen Fettfleck hat. Es ist wie verhext, aber irgendwas ist immer mit seiner Kleidung. Entweder sie ist zerdrückt oder hat irgendwo ein Loch, das er am Morgen beim Anziehen nicht gesehen hat. Welche Frau mag schon einen Typen, der so schlampig daherkommt! Er braucht ein Flirt-Seminar, da führt kein Weg vorbei.

Claudia fällt ihm ein, die Schwester seines besten Freundes Hannes. Die hat ihm damals bei seinem Verkaufsjob auf die Sprünge geholfen, indem sie ihm gesagt hat, er soll einfach so sein, wie er ist, und die Sache nicht so kompliziert sehen. Beim Verkaufen hat ihm das geholfen, sehr sogar! Aber ob das privat auch gilt?

Vorsichtig riskiert er einen verstohlenen Blick hinüber zu dem hübschen Mädel – und schaut dann erschrocken gleich wieder in sein Glas. Hat die ihn jetzt tatsächlich gerade angeschaut? Und ihn angelächelt?

Plötzlich fällt der Groschen. Beinahe hätte er sich mit der flachen Hand auf die Stirn geschlagen. Na klar! Das ist doch die, die bei ihm vor nicht allzu langer Zeit ein Smartphone gekauft hat. Die ihn am Ende sogar umarmt hat – wie konnte er das nur vergessen? Dieses Verkaufsgespräch samt Umarmung hat ihm dermaßen viel Energie gegeben, dass ihn sogar sein Abteilungsleiter zwei Wochen später am Monatsletzten anerkennend wegen seiner steigenden Verkäufe gelobt hat.

Diese Erleuchtung zaubert ein Lächeln in sein Gesicht und er blickt auf, zuerst zu Tom, dann zu jener zauberhaften Lady, die nun auf ihn zukommt. Wie war noch gleich ihr Name? Hat er den überhaupt erfahren?

„Ich kann mich zwar nicht an deinen Namen erinnern, aber an unser Gespräch", sagt er, als sie neben ihm steht. Weg ist sie, die Schüchternheit. „Darf ich dich auf ein Getränk einladen?" Und die Unsicherheit packt auch ihr Ränzchen.

„Ja gerne. Und Susanne heiße ich", sagt Susanne. „Ich dachte schon, du kannst dich nicht mehr erinnern. Aber ich weiß auch nicht mehr, wie du heißt, um ehrlich zu sein." Sie rutscht auf den Barhocker neben Jürgen. Sie bestellen bei Tom eine Runde Cola und plaudern. Lange dauert dieser Abend, sehr lange.

4.5.1 Verkaufen ist in erster Linie Beziehungsarbeit

Für Jürgen und Susanne ist es ein netter Abend, der wie im Flug vergeht. Wie es eben so passiert, wenn sich zwei Menschen kennenlernen und sich füreinander interessieren. Erkennen Sie die Parallelen zum Verkaufsgespräch? Das Interesse am anderen, die Wirkung der Authentizität, und natürlich eine bestimmte Absicht, weswegen man überhaupt dieses Gespräch anstrebt – das sind die Elemente, die Beziehungen ganz generell in die Gänge bringen. Genau wie im Verkauf, auch da geht es um Interesse und darum, authentisch und somit vertrauenswürdig zu sein. Und während die Absicht bei Jürgen und Susanne möglicherweise eine künftige Liebesbeziehung ist, ist es beim Verkaufsgespräch zwar wenig romantisch, aber letztlich doch auch ein Ziel, das in der Zukunft liegt: Man kauft ein Auto, um künftig mobil zu sein. Man geht zum Friseur, um wieder schön zu sein. Man kauft Anleihen, um für die Zukunft finanziell zu sorgen.

Es ist also viel einfacher, als Sie vermutlich denken. Mit vielen Tools, ausgeklügelten Verkaufsstrategien und gekünsteltem Auftritt kommt man nicht weit. Das verkompliziert die Angelegenheit bloß und das Ergebnis ist trotz der vielen Anstrengung enttäuschend. Kennen Sie die amerikanische Sitcom „Hör mal, wer da hämmert?", in der Tim Taylor, der Heimwerkerkönig, seiner Bastelleidenschaft freien Lauf lässt und ständig scheitert und zum Leidwesen seines Freundes Alan und seiner Frau Jill nichts als Chaos anrichtet? Tim sammelt Werkzeuge wie andere Briefmarken. Er kennt vom Schlagbohrer bis zum Bolzenschneider sämtliche Fachtermini, kann aus dem Schlaf alle Arten von Außenputz aufsagen und hat ein erschöpfendes Wissen über Stromrelaisverschaltungen und Wasserrohrkrümmungen. Nur einen simplen Nagel erfolgreich in die Wand einschlagen, das kann er nicht.

In den meisten Fällen scheitert Tim daran, dass er die schlichtesten Reparaturarbeiten mit den kompliziertesten Werkzeugen erledigen will. Er ist überzeugt: Je ausgeklügelter seine Strategie und je hochtechnologischer seine Werkzeuge, desto besser das Ergebnis. Und so schlägt er den Nagel nicht einfach in die weiche Rigipswand, sondern bohrt vorher ein Loch – vermutlich mit einem Schlagbohrer – und greift dann zum Vorschlaghammer. Dabei hätten ein kleiner Hammer und ein wenig Treffsicherheit völlig ausgereicht.

Es scheint, als wären viele Verkäuferinnen und Verkäufer, ähnlich wie Tim Taylor, überzeugt davon, dass sie erst dann wirklich gut verkaufen könnten, wenn sie sämtliche Tipps und Tricks beherrschen und ein erschöpfendes Wissen über Verkaufstheorie hätten. Gehören Sie auch zu jenen, die meinen, sie müssten erst in die unendlichen Weiten der Kommunikationstheorie eintauchen, bevor sie sich an ein Kaltakquise-Telefonat heranwagen? Und bevor Sie sich in harte Preisverhandlungen stürzen, brauchen Sie unbedingt Ideen für eine ausgeklügelte Taktik und Wissen über Manipulationsmethoden, die Sie beim anderen unbedingt durchschauen müssen?

Wir können Sie beruhigen. Verkaufen ist keine Raketenwissenschaft. Verkaufen ist Beziehungsarbeit. Es ist nicht viel anders, als wenn Sie um die Gunst einer attraktiven Blondine oder eines feschen sportlichen Mannes werben. Aus diesem Grund möchten wir Ihnen ein Modell vorstellen, das Sie überall anwenden können, egal, ob Sie auf Brautschau sind oder einem Kunden zum Kauf verhelfen, ob Sie Ihren Angebeteten von einer Heirat überzeugen oder einen Kunden zum Stammkunden entwickeln wollen.

> **Festgehalten**
>
> Verkaufen ist von Natur aus einfach. Es geht letztlich nur darum, laufend in Kontakt zu bleiben und die Beziehung zu anderen Menschen herzustellen, aufzubauen und zu pflegen.

4.5.2 Das Kontakt-Modell

Stellen Sie sich vor, Sie sitzen in einer Wiener Straßenbahn auf dem Weg zur Arbeit. Gedankenversunken schauen Sie beim Fenster hinaus, während Sie an Ihrer Melange nippen und in ihr mürbes Kipferl beißen. Als die Bahn bei einer Haltestelle stehen bleibt, treffen sich Ihr Blick und der schlaftrunkene Blick einer wartenden Frau. Sie sehen sich für zwei Sekunden in die Augen, dann wenden Sie den Blick. Vielleicht schmunzeln Sie, weil sie die Augenlider gar so auf Halbmast hängen hatte, aber vermutlich werden Sie sie bald wieder vergessen haben.

Und doch hat ein **Kontakt** stattgefunden, die erste Stufe im Verlauf der Kommunikation zwischen Menschen. In wenigen Sekunden haben Sie mit dieser wartenden Person kommuniziert, ohne Worte zwar und nur mit Ihrer Mimik, und doch laufen in diesen zwei Sekunden im Gehirn viele Reaktionen ab. Sie entscheiden spontan über Sympathie oder Antipathie, Sie finden Anlass zum Lächeln oder einen Anflug des Ärgers oder Trauerns. Sie ordnen diesen Menschen blitzschnell ein in für Sie bekannte Muster, die unter Umständen geradewegs in Schubladen und Vorurteilen enden. Ja, genau so schnell geht das.

Die Straßenbahn fährt weiter und jemand, der neu zugestiegen ist, setzt sich neben Sie. Es ist ein sympathischer junger Mann, der Sie nach dem Weg zur Mariahilfer Straße fragt. Gerne helfen Sie weiter und erklären ihm, wo er umsteigen muss. Es entwickelt sich ein kurzes Gespräch, in dem Sie erfahren, dass er aus Tirol kommt und das erste Mal Wien besucht. Der Akku seines Handys ist leer, daher kann er nicht navigieren und hat deshalb gefragt. Er ist Ihnen dankbar, dass Sie so nett sind, ihm weiterzuhelfen, denn kurz zuvor ist es ihm passiert, dass ihn ein Passant einfach ignoriert hat, obwohl er freundlich gefragt hat. Mit einem netten Gruß verabschieden Sie sich, als er aussteigt.

Mit diesem jungen Mann haben Sie bereits eine etwas intensivere Form der Kommunikation erlebt. Es hat eine **Begegnung** stattgefunden. Auch bei der Begegnung ist das Gespräch eher oberflächlich und die Qualität der Kommunikation gering. Doch es hat ein Austausch stattgefunden, in dem Fall war er freundlich und wertschätzend. Trotz der grundsätzlichen Sympathie sind Sie ohne weitere Vereinbarungen auseinandergegangen und Sie werden sich höchstwahrscheinlich nicht wieder sehen.

Sie blicken dem Tiroler hinterher, als er den Waggon verlässt, und plötzlich entdecken Sie ein vertrautes Gesicht. Es ist ein guter Bekannter, der gerade zugestiegen ist und den Sie schon lange nicht gesehen haben. Erfreut drängelt er sich zu Ihnen durch. Sie begrüßen sich herzlich, er setzt sich auf den leer gewordenen Platz neben Ihnen. Es entspinnt sich ein privates Gespräch. In ein paar Minuten bringen Sie sich gegenseitig auf den aktuellen Stand. Sie fühlen sich sofort wieder vertraut und freuen sich, sich getroffen zu haben. Als Ihr Bekannter meint, er müsse aussteigen, tauschen Sie Ihre Handynummern aus und vereinbaren, dass Sie sich am nächsten Mittwoch zu einem gemütlichen Abendessen in Ihrem Lieblingsrestaurant wieder treffen wollen, damit Sie mehr Zeit zum Plaudern haben. Sie verabschieden sich herzlich. Noch Minuten später haben Sie ein Lächeln im Gesicht, weil Sie sich über diesen Zufall freuen.

In diesem Fall ist eine **Beziehung** im Spiel, die Sie zu diesem Bekannten pflegen. Sie haben eine gemeinsame Geschichte durch frühere Erlebnisse, haben gemeinsame Freunde. Sie vertrauen sich sofort, auch wenn der letzte Kontakt schon längere Zeit zurückliegt. Spontan finden Sie eine gemeinsame Basis, viele Gesprächsthemen und es ist ganz natürlich, dass Sie eine Vereinbarung treffen.

Ihre Straßenbahnfahrt zur Arbeit ist immer noch nicht zu Ende, doch heute ist Ihr Glückstag, denn es wird nicht langweilig. Eine attraktive Frau steigt ein. Ihre Blicke treffen sich, Sie sind elektrisiert. Sie riskieren einen längeren Blick und Ihr unwiderstehlichstes Lächeln, und das wirkt. Denn diese Zufallsbegegnung geht nun in die Offensive! Sie kommt auf Sie zu und sagt: „Wenn Sie mich schon so anlächeln, muss ich mich doch gleich neben Sie setzen." „Aber gern", sagen Sie. Sie dreht sich zu Ihnen und meint: „Offenbar finden Sie mich genauso interessant wie ich Sie. Haben Sie spontan Lust, mit mir auf einen Kaffee zu gehen? Dann könnten wir uns näher kennenlernen. Wer weiß, was sich daraus noch entwickeln kann und wo uns das heute noch hinführt. Ich finde Sie nämlich sehr anziehend."

Wow. Was Männer kaum zu träumen wagen. Und Sie? Was machen Sie jetzt? Sie sind glücklich vergeben und lieben Ihre Frau von Herzen. Zu ihr, der weltbesten Ehefrau von allen, haben Sie nämlich eine tiefe **Bindung**. Sie machen also das einzig Richtige: Sie lehnen wertschätzend, aber klar dieses eindeutige Angebot ab. Denn gegenüber Menschen, zu denen Sie eine Bindung haben, verhalten Sie sich so, als wäre dieser Mensch gerade neben Ihnen, auch wenn er meilenweit entfernt ist. Bindung ist mit Vertrauen verbunden, mit Verlässlichkeit und Treue. Sie löst sich daher auch nicht so schnell wieder auf.

4.5.3 Vom Kundenkontakt zur Kundenbindung

Das Prinzip lässt sich sehr leicht in unseren Verkaufsalltag übersetzen. In Ihrem Job sind Sie schließlich permanent mit Kunden in **Kontakt,** also in der untersten Stufe des Modells, wie wir es in Abb. 4.6 dargestellt haben. Jeder Kunde, der an Ihnen vorbeigeht und der Sie wahrnimmt, entscheidet innerhalb einer Sekunde, ob er Sie sympathisch findet oder

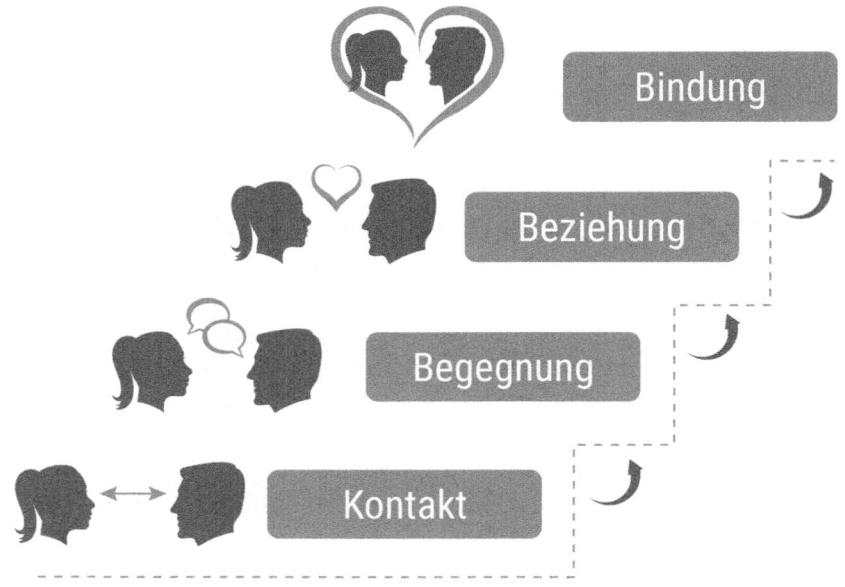

Abb. 4.6 Das Kontakt-Modell. (Eigene Darstellung)

nicht. Also sollten Sie immer achtsam sein, entsprechend wahrgenommen zu werden. Machen Sie kein finsteres Gesicht, nur weil es draußen regnet oder Ihr Chef Ihnen gerade eine Verkaufsaktion aufgebürdet hat. Sorgen Sie für ein gepflegtes, freundliches Äußeres – ohne sich zu verbiegen natürlich. Man kann auch in Jeans und Poloshirt gepflegt aussehen. Suchen Sie den Blickkontakt.

Wir erleben es immer wieder, dass Verkäufer ihre Kunden zwar wahrnehmen, aber nicht reagieren. Machen Sie einmal Ihr eigenes, ganz privates Mystery Shopping: Wenn Sie selbst einkaufen gehen, beobachten Sie die Verkäuferinnen und Verkäufer. Wie werden Sie als Kunde wahrgenommen? Werden Sie gegrüßt? Wie oft passiert es, dass Sie ignoriert werden? Machen Sie es selbst in Zukunft besser. Gehen Sie in Kontakt mit Ihren Kunden und versuchen Sie, mehr daraus zu machen.

4.5 Verkaufen ist eine Raketenwissenschaft

> **Festgehalten**
>
> Wir alle bewerten unser Gegenüber beim ersten Kontakt in Sekundenschnelle. Verstecken Sie sich nicht, als ob Sie nicht gebraucht würden. Gehen Sie davon aus, dass sich jeder Mensch über einen positiven Kontakt freut, auch wenn er gerade nicht mehr wünscht.

Wenn Sie in Ihrem Beruf Produkte verkaufen, die wenig Beratung bedürfen, erleben Sie viele **Begegnungen** mit Kunden. Sie gehen in Kontakt, besprechen kurz, was der Kunde wünscht, begleiten ihn zur Kassa, vielleicht kassieren Sie auch selbst, verabschieden sich – und das war es auch schon. Diese Begegnungen sind nicht sehr intensiv und dauern nicht lange. Dennoch birgt jedes noch so kurze Gespräch die Möglichkeit in sich, daraus eine **Kundenbeziehung** zu machen. Das gelingt Ihnen, wenn Sie ein paar Fragen stellen, die über das unbedingt notwendige Maß hinausgehen. Wenn ein Kunde in Ihrem Sportgeschäft Pulver für einen Regenerations-Drink kauft, fragen Sie ihn zum Beispiel, ob er auch an Wettkämpfen teilnimmt und welcher als Nächstes ansteht. So kommen Sie in ein Gespräch und schaffen es, aus der kurzen Begegnung eine Beziehung aufzubauen. Laden Sie ihn ein wieder zu kommen oder weisen Sie ihn darauf hin, dass Sie für kommenden Montagabend einen Fachvortrag organisiert haben, der ihn vielleicht interessieren könnte. Was auch immer zum Thema passt, ein Kunde freut sich normalerweise, wenn neben dem kurzen, nüchternen Einkauf auch noch ein bisschen Menschlichkeit herüberkommt.

Seien Sie zu Kunden, die regelmäßig wieder kommen und kaufen, aufmerksam und betreuen Sie sie mit hoher Qualität. Wenn Sie Friseurin sind, bieten Sie Ihren Kundinnen und Kunden zu Beginn vermutlich ein Getränk an, was meist freudig angenommen wird. Setzen Sie der Sache noch die Krone auf: Notieren Sie, wie Ihre Kundin den Kaffee gerne haben möchte. Wenn sie das nächste Mal kommt, wissen Sie schon Bescheid: „Setzen Sie sich, ich bringe Ihnen gleich Ihren Kaffee, wie Sie ihn am liebsten trinken. Einen Verlängerten mit Milch, ohne Zucker und die mittlere Kaffeestärke." Genau solche Wow-Effekte schaffen es, aus einer Kundenbeziehung eine **Kundenbindung** zu machen.

> **Festgehalten**
>
> Stellen Sie nicht das Verkaufen von Produkten in den Vordergrund Ihres Berufs, sondern das Aufbauen und Pflegen von Beziehungen zu Menschen, denen Sie Gutes tun wollen.

Kundenbindung ist die Champions League im Verkauf. Sie erinnern sich? Fühlt man sich gebunden, dann verhält man sich so, als wäre die Person neben einem, auch wenn sie weit weg ist. Ein Kunde, der sich zu Ihnen und Ihrem Unternehmen gebunden fühlt, schlägt jedes Angebot Ihrer Konkurrenz dankend aus, auch wenn es attraktiv ist. Möglicherweise spricht er beim nächsten Mal mit Ihnen darüber: „Stellen Sie sich vor, Ihr Konkurrent hat mir Breitband-Internet um 15 Prozent billiger angeboten. Ich möchte gerne Ihr Kunde bleiben, was sagen Sie dazu?" Wenn Sie das schaffen, können Sie sich der Loyalität Ihrer Kunden sicher und wirklich stolz auf sich sein!

Nehmen Sie Haltung ein

- Verkaufen ist nicht kompliziert. Nicht anders als bei jeder anderen zwischenmenschlichen Begegnung geht es darum, eine Beziehung herzustellen.
- Es gibt verschiedene Qualitäten der Beziehung:
  - Kontakt
  - Begegnung
  - Beziehung
  - Bindung

  Dieses Modell gilt auch für Kundenbeziehungen.
- Versuchen Sie, jeden Kontakt in eine Begegnung, jede Begegnung in eine Beziehung und jede Beziehung in eine Bindung weiterzuentwickeln.

4.6 Verdammt, der Kunde hat mich entlarvt!

> Manche Verkäufer meinen, der Kunde würde Reißaus nehmen, sobald er mitbekommt, dass sie ihm etwas verkaufen wollen. Sie bezeichnen sich lieber als Berater, um nur ja nicht in zwielichtigen Verdacht zu geraten. Tatsächlich ist das aber ein unfaires Spiel, das niemand mag. Ein begeisterter Verkäufer punktet mit Offenheit: „Wollen Sie mir etwas verkaufen? – Ja, ich will, dass Sie bei mir kaufen, nämlich etwas, das Ihnen etwas bringt!" Er steht dazu, dass er Verkäufer ist.

Thorsten Müller ist Versicherungsmakler. Einmal im Jahr klappert er alle seine Kunden ab. Er besucht sie zu Hause, um ein „Vertrags-Service" durchzuführen und ganz im Sinne der Kunden nachzuschauen, ob alles Versicherte immer noch ausreichend gedeckt ist oder es Änderungen bei den Tarifen gibt. Einmal im Jahr die Runde zu machen, das findet er nicht verkehrt. Und so stattet er eines Tages auch der Familie Hofstätter einen Besuch ab.

Nach dem üblichen Small Talk seufzt Frau Hofstätter und blickt auf die Visitenkarte, die Herr Müller ihr in die Hand gedrückt hat. „Versicherungsberater" steht da drauf. Sie erkundigt sich, was nun genau der Anlass seines Besuchs ist.

„Nun, ich dachte, es wäre vielleicht an der Zeit, Ihre Versicherungsverträge unter die Lupe zu nehmen und zu schauen, ob sie noch alle aktuell sind und alle Deckungssummen noch ausreichen oder ob man eventuell nachbessern muss", sagt Herr Müller. „Gratis und unverbindlich selbstverständlich."

„Ah, ich verstehe. Sie wollen herausfinden, ob Sie mir etwas Neues verkaufen können, nicht wahr?", sagt Frau Hofstätter und schaut ihn forsch an.

„Aber nein", ruft Herr Müller entrüstet. „Im Gegenteil, es kann ja sein, dass es ein Angebot gibt, das günstiger ist als das vorhandene, dann würden Sie ja sogar weniger zahlen. Sie sehen ja auch auf meiner Visitenkarte, dass ich Berater bin, nicht Verkäufer. Ich möchte Ihnen wirklich nichts andrehen oder so. Keine Sorge! Sondern ich möchte Sie nur beraten, unverbindlich und kostenlos. Vielleicht wollen Sie mir einfach eine halbe Stunde Ihrer Zeit schenken? Sie werden es nicht bereuen."

Frau Hofstätter schaut skeptisch. Eigentlich bereut sie es jetzt schon, dass sie Herrn Müller hereingelassen hat. „Es tut mir leid", sagt sie, „aber ich habe keine halbe Stunde Zeit, um mich mit Ihnen zu unterhalten. Ich habe ja Ihre Kontaktdaten und melde mich, wenn ich etwas brauche." Und noch bevor Herr Müller zeigen kann, was er drauf hat, um Frau Hofstätter vom Nutzen des Unterfangens zu überzeugen, ist er auch schon wieder draußen bei der Tür.

Zwei Monate später bekommt Frau Hofstätter einen Anruf eines Versicherungsmaklers – es ist nicht Herr Müller, sondern ein anderer, Herr Denk. Herr Denk stellt sich kurz vor, dann fragt er:

„Frau Hofstätter, darf ich gleich zur Sache kommen?"

„Ich bitte darum."

„Ich rufe Sie an, weil Sie eine interessante Kundin sind und damit Sie sich ein Bild machen können, was unser Maklerbüro für Sie bringt, will ich gerne bei Ihnen vorbeikommen, wenn das für Sie in Ordnung ist."

„Okay", sagt Frau Hofstätter. „Aber ich habe nicht länger als eine halbe Stunde Zeit."

„Vielen Dank, das ist wunderbar", sagt Herr Denk. „Wie wäre es mit nächstem Dienstag um zehn Uhr?"

Am darauffolgenden Dienstag sitzt Herr Denk mit Frau Hofstätter gemeinsam am Wohnzimmertisch.

„Sie wollen mir bestimmt auch etwas andrehen, stimmt's?", stellt Frau Hofstätter trocken fest. „Erst vor zwei Monaten hatte ich Besuch von einem Kollegen von Ihnen. Den habe ich wieder fortgeschickt, ich sage es Ihnen gleich! Sie wollen mir bestimmt auch eine Versicherung verkaufen."

„Natürlich möchte ich das. Es ist schließlich mein Geschäft, Versicherungen zu verkaufen. Ich möchte, dass Sie zu mir wechseln und sich über unser Maklerbüro versichern lassen, damit Sie ein gutes Gefühl haben. Allerdings mit einer wichtigen Ergänzung: Es muss zu Ihrem Vorteil sein – das ist mein oberstes Ziel!"

Frau Hofstätter hat den Ordner mit all ihren Versicherungen bereits vorbereitet. Gemeinsam gehen sie in 30 min einen Vertrag nach dem anderen durch. Herr Denk stellt Fragen, und bald hat Frau Hofstätter einen guten ersten Überblick: Die Versicherung für das Haus und die Krankenzusatzversicherung sind nach wie vor passend, die KFZ-Versicherung möchte Herr Denk genauer unter die Lupe nehmen, für die

Unfallversicherung hat er eine Idee, die für Frau Hofstätter eine attraktivere Variante sein kann.
Nach einer Dreiviertelstunde sind die beiden überzeugt, dass ein weiterer Termin in einer Woche für beide interessant ist. *Die Basis für eine gewinnbringende und angenehme Zusammenarbeit ist gelegt, die Chancen auf eine gute Kundenbeziehung hoch.*

4.6.1 Verkäufer haben etwas, das sie verkaufen wollen. Punkt!

Haben Sie jemals einen Verkäufer kennengelernt, der auf seiner Visitenkarte tatsächlich „Verkäufer" stehen hat? Die meisten bezeichnen sich lieber als „Berater" oder „Betreuer" oder „Consultant". „Verkaufsberater" gibt es auch – vielleicht ist das der Versuch, zwar ehrlich zu sein, die vermeintlich unschöne Realität aber dann aufzupolieren. Selten findet man jemanden, der sich frank und frei als Verkäufer bezeichnet. „Ja, ich bin Verkäufer" zu sagen, vielleicht noch im Brustton der Überzeugung, scheint schwierig zu sein. Es könnten die Menschen einen schief anschauen oder sonst irgendwie seltsam darauf reagieren.

Dem nicht genug, versichern Verkäufer ihren Kunden auch noch, dass sie ihnen „um Himmels Willen selbstverständlich nichts verkaufen" wollen. Sie wollen doch nur beraten, ganz unverbindlich und kostenlos auch noch. Das wäre, als würde der Triathlon-Weltmeister Jan Frodeno beim nächsten Ironman in Hawaii antreten und sagen „Gewinnen will ich aber nicht, wie kommen Sie bloß auf die Idee!" oder Ihr Lieblingspizzakoch „Ich möchte aber nicht, dass die Pizza schmeckt". Das ist absurd, finden Sie nicht?

Nicht nur, dass es absurd ist, als Verkäufer nichts verkaufen zu wollen, ist es in jeder Hinsicht unfair dem Kunden gegenüber. Stellen Sie sich vor, Sie wollen sich einen neuen Mantel kaufen. Sie gehen in eine Boutique, eine Verkäuferin kommt auf Sie zu und Sie kommen ins Gespräch. Und dann sagt sie Ihnen, dass sie Sie nur beraten möchte. Verkaufen will sie Ihnen nichts. Ich wette, Sie sind enttäuscht. Denn Sie wollen sich doch eigentlich einen Wunsch erfüllen, und das geht nur, wenn Sie einen Mantel auch kaufen! Nur zu wissen, dass das der richtige Mantel wäre, und ihn sich ausgiebig anzuschauen und im Geschäft zu probieren, wird Sie nicht glücklich machen. Sie wollen ihn auch mit nach Hause nehmen! Außerdem haben Sie keine Lust, Ihre Zeit zu investieren, wenn Sie dann am Ende keinen Erfolg haben. Einem Kunden zu sagen, dass Sie ihn nur beraten wollen, ist schlicht und einfach eine Lüge. Wäre es keine Lüge, dann würden Sie dem Kunden gegenüber Zeitdiebstahl begehen.

Als Verkäuferin oder Verkäufer möchten Sie auf jeden Fall etwas verkaufen, denn dafür werden Sie bezahlt! Davon leben Sie. Wenn Sie das nicht auszusprechen wagen, weil Sie glauben, der Kunde würde das nicht gerne hören, dann haben Sie ein Problem mit der Ehrlichkeit – und damit auch mit dem Thema Sicherheit, das für Ihren Kunden große Bedeutung hat. Denn niemand wird bei jemandem kaufen, zu dem er kein Vertrauen hat. Wenn Sie Ihre Absicht verschleiern, dann wird der Kunde misstrauisch. Er mag es nicht, unter Vorspiegelung falscher Tatsachen in ein Gespräch verwickelt zu werden.

Zumal er Ihnen nämlich ohnehin nicht glaubt, dass Sie ihm nichts verkaufen wollen. „Nur mal ganz unverbindlich" ins Gespräch gehen, damit schüren Sie beim Kunden genau jenes Vorurteil, vor dem Sie sich fürchten. Im Kopf des Kunden taucht das Klischee des Fuß-in-die-Tür-Stellers auf, des Klinkenputzers – eine ziemlich unschöne Schublade, in die Sie nicht gesteckt werden wollen. Je mehr Sie versuchen zu verschleiern, was Ihre eigentliche Absicht ist – nämlich zu verkaufen –, desto eher werden Sie aber in diese Richtung abgestempelt.

Transparenz, Offenheit, Ehrlichkeit, Verbindlichkeit – damit kommen Sie allemal viel weiter. Wieder einmal mehr ist es eine Sache Ihrer inneren Einstellung, Ihrer Haltung. Stehen Sie zu Ihrem Job, zu Ihrem Ziel. Wenn Sie nach wie vor der Meinung sind, sich für das Verkaufen Ihrer Produkte schämen zu müssen, dann wird jede Aussage, die Sie treffen, mit genau diesem Unterton gefärbt sein. Wenn Sie aber dazustehen und stolz darauf sind, Verkäufer zu sein, dann klingt dieselbe Aussage in den Ohren des Kunden wie eine willkommene Selbstverständlichkeit. Stellen Sie sich aufrecht hin, Schultern zurück, und sagen Sie voll Überzeugung: „Ja, ich möchte, dass Sie bei mir kaufen, und zwar das, was für Sie wirklich passt und nützlich ist. Dafür bin ich da." Probieren Sie es aus!

> **Festgehalten**
>
> Einem Kunden zu sagen, dass Sie ihn nur beraten wollen, ist schlicht und einfach eine Lüge. Wäre es keine Lüge, dann würden Sie dem Kunden gegenüber Zeitdiebstahl begehen.

4.6.2 Seien Sie ehrlich zu Ihren Kunden, das gibt Sicherheit

Mit dieser Verschleierungstaktik einer geht auch eine recht komplizierte Sprache. Es mag im deutschsprachigen Raum regionale Unterschiede geben in der Art, wie wir sie kompliziert gestalten. Allen gemeinsam ist jedoch, dass wir über die Sprache das ausdrücken, was wir in uns tragen. Sind wir unsicher, dann sprechen wir komplizierter, als wenn wir uns selbstsicher fühlen. Wollen wir etwas verschleiern oder uns anders darstellen, als wir tatsächlich sind, dann wirken wir nicht authentisch. Dem Kunden fällt auf, dass die Worte nicht zu Ihrer Haltung passen. Diese Diskrepanz lässt sie vorsichtig, skeptisch oder gar argwöhnisch werden – und das ist das Gegenteil des Sicherheitsgefühls, das Sie im Kunden wecken wollen. Stellen Sie sich nur jemanden vor, der mit hängenden Schultern und traurigem Blick vor Ihnen steht und behauptet, er wäre bestens gelaunt und zu jedem Einsatz bereit. Das ist nicht authentisch, oder?

Wenn Sie aber zu sich und Ihrem Beruf stehen und selbstbewusst und freundlich sagen, was Ihnen wichtig ist, dann werden Sie automatisch klarer in Ihrer Formulierung und Dialektik. Sie brauchen die richtige Haltung, und die heißt: Es ist nichts Verwerfliches daran, dem Kunden etwas zu verkaufen, im Gegenteil. Sie begleiten und unterstützen ihn, eine richtige Entscheidung zu finden, indem Sie ihm Lösungen anbieten, unter denen der Kunde jene wählen kann, mit der er seinen Wunsch am besten erfüllen kann. Das ist klar, offen und zeigt von einem positiven Selbstverständnis. Dann gelingt auch die klare Sprache, ohne Schnörkel und Widerhaken.

> **Festgehalten**
>
> Sind Sie innerlich unsicher, zeigt sich das in unklarer Sprache und das sorgt für Unsicherheit. Je selbstbewusster Sie dazu stehen, dass Sie Verkäuferin oder Verkäufer sind, desto mehr Vertrauen werden Ihre Kunden zu Ihnen haben!

4.6.3 Drücken Sie sich verständlich aus

Eine klare, ehrliche Sprache zeigt sich hauptsächlich in einem Attribut: Sie besteht aus wenigen und einfachen Worten, damit sie im Gehirn Ihres Gegenübers schnell verarbeitet werden kann. Mit gehirn-gerechter Sprache hat sich unter anderem der Kommunikationswissenschaftler Friedemann Schulz von Thun beschäftigt, Sie kennen vielleicht sein Konzept der „Vier Seiten einer Nachricht", das eines der bekanntesten Grundpfeiler der Kommunikationstheorie ist. Er hat auch maßgeblich an einem einfachen Modell gearbeitet, das zeigt, wie man sich gut verständlich macht. Wir nennen es das „Modell der vier Verständlichmacher" (s. Abb. 4.7). Demnach ist Sprache dann leicht verständlich, wenn sie kurz, einfach, strukturiert und animierend gestaltet ist.

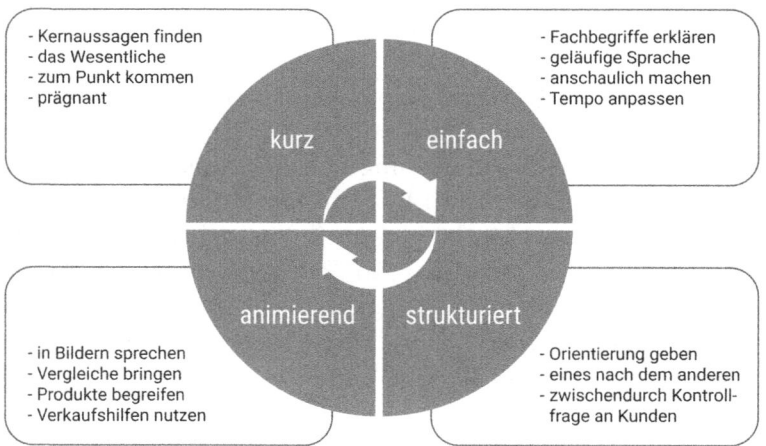

Abb. 4.7 Modell der vier Verständlichmacher. (Quelle: adaptiert nach Langer et al. 2011. Mit freundlicher Genehmigung von (c) Friedemann Schulz von Thun 2017)

Die passende **Kürze** in Ihrer Kommunikation schaffen Sie über zwei Wege. Erstens, indem Sie sich fokussieren. Ein wenig Small Talk zwischendurch ist bestimmt angebracht. Doch wenn Sie sich mit Ihrem Kunden über Gott und die Welt unterhalten und dabei völlig den Faden verlieren, bringt das niemandem etwas. Auch wenn der Kunde immer wieder gerne abschweift – es ist Ihre Aufgabe, das Gespräch zu führen. Holen Sie ihn immer wieder sanft, aber bestimmt, zum eigentlichen Thema zurück. Zweitens, indem Sie dem Kunden lieber wenige, aber dafür gut vorgebrachte Informationen präsentieren als zu viele, ganz nach dem Motto „So viel wie nötig und so wenig wie möglich". Sonst laufen Sie Gefahr, den Kunden durch Reizüberflutung gedanklich zu verlieren. Zu viele Informationen in kurzer Zeit überlasten das Gehirn, sodass Ihr Kunde schnell ermüdet und die Lust verliert zuzuhören. Beschränken Sie sich zum Beispiel bei den Produktmerkmalen auf das Wesentliche und verlieren Sie sich nicht in Details, die den Kunden überhaupt nicht interessieren.

Einfach ist Ihre Sprache, wenn Sie zum Beispiel keine Fachvokabeln verwenden, die der Kunde möglicherweise nicht kennt. Verwenden Sie stattdessen geläufige Wörter. Bauen Sie konkrete Beispiele ein. Statt „In Beantwortung Ihrer Frage möchte ich sagen, dass dieses Leder besonders widerstandsfähig und wasserabweisend ist" sagen Sie besser „Das Leder dieses Sofas ist widerstandsfähig und wasserabweisend, da können Ihre Kinder darauf hüpfen, so viel sie wollen. Und der verschüttete Saft macht ihm auch nichts aus". Falls Sie Fachbegriffe verwenden, weil diese wichtig oder notwendig sind, erklären Sie diese dem Kunden am besten sofort.

Auch Ihr Sprechtempo kommt der Verständlichkeit zugute. Passen Sie es an Ihren Kunden an. Machen Sie Pausen, sodass Ihr Kunde die Chance hat nachzudenken über das, was Sie soeben gesagt haben. Wir kennen viele Verkäufer, die es nur schwer aushalten, kurz still zu sein. Dabei sind Pausen wirklich wichtig. Besser ein paar Pausen zu viel riskieren, als dass Ihr Kunde aus der Kommunikation aussteigt!

Der nächste Tipp im Sinne einer einfachen Sprache: Sparen Sie sich Wörter, die nicht nötig sind. Besonders beliebt sind Formulierungen wie „eigentlich", „vielleicht", „eventuell", „unter Umständen", „irgendwie", „ich glaube" und sämtliche Formulierungen mit „hätte", „wäre",

„könnte". Diese Wörter sorgen dafür, dass erstens jeder Satz länger als nötig wird. Außerdem sind sie wahre Faserschmeichler, sie umspülen die tatsächliche Aussage so sehr, dass sie verwässert und viel schwerer wahrgenommen wird. „Vielleicht, wenn Sie möchten, könnte ich Ihnen eventuell das Kleid für eine Stunde zur Seite legen" klingt viel verwirrender als „Gerne lege ich Ihnen das Kleid zur Seite".

Sprechen Sie in möglichst schlichten Sätzen – also möglichst in Hauptsätzen. Sagen Sie zuerst das, was wichtig ist, und ergänzen Sie erst dann mit zusätzlichen Informationen. Das negative Beispiel dazu ist das berühmte Um-den-heißen-Brei-Sprechen: „Nun, das kann ich verstehen, dass Ihnen die Robustheit des Sofas wichtig ist. Ich habe Kinder zu Hause, die manchmal recht rüpelhaft mit den Möbeln umgehen. So sind sie halt, die Kinderchen, nicht wahr? Also das Sofa ist aus widerstandsfähigem, dickem Leder. Hier, fühlen Sie anhand dieser Probe." Das soll nun nicht heißen, dass Sie sich nur auf die wesentliche Information beschränken sollen. Es ist die Reihenfolge, die ausschlaggebend ist. Wenn die Kundin nach der Robustheit des Materials fragt, dann möchte sie darauf eine Antwort, also geben Sie sie ihr: „Das Leder ist sehr dick und daher widerstandsfähig. Hier, fühlen Sie anhand dieser Probe." Und dann fügen Sie lächelnd hinzu: „Ich habe dasselbe Sofa zu Hause. Meine beiden Kinder haben es bisher noch nicht geschafft, ihm etwas anzutun."

> **Festgehalten**
>
> Einfach zu sprechen heißt nicht, dass Sie banal sprechen. Selbst die gebildetsten Kunden freuen sich, wenn sie sich im Gespräch mit Ihnen nicht anstrengen müssen.

Damit haben Sie bereits einen wesentlichen Punkt in Sachen **Struktur** erledigt: Das Wesentliche zuerst, dann zusätzliche Informationen. Zur Struktur haben wir jedoch noch einen äußerst hilfreichen Tipp – aus unserer Erfahrung ist es ein Knackpunkt für erfolgreiche Gespräche. Geben Sie dem Kunden maximale Orientierung, was in der gemeinsamen Zeit passiert. Gehen wir kurz zurück zu Herrn Denk und Frau

Hofstätter. Als begeisterter Verkäufer steigt er nach einem kurzen, persönlichen Small Talk mit einer Orientierung ins Gespräch ein: „Frau Hofstätter, für unser Gespräch haben wir 30 Minuten vereinbart. Ich habe folgende drei Themen für Sie mitgebracht ... Gibt es aus Ihrer Sicht noch etwas, das Sie heute besprechen möchten? Mein Ziel für heute ist, Ihnen meine Vorschläge zu unterbreiten und von Ihnen zu erfahren, wie Sie sich dazu entscheiden. Ich werde Sie nach jedem Vorschlag fragen, wie Sie darüber denken, bevor wir mit dem nächsten beginnen. Ist das für Sie so in Ordnung?"

Vier Punkte gilt es, in der Orientierung anzusprechen:

1. Vereinbarung über die verfügbare Zeit für das Gespräch
2. Klärung der Themen, die Sie besprechen wollen
3. Offenheit darüber, was Ihr Ziel für das Gespräch ist
4. Kurze Beschreibung, wie das Gespräch ablaufen wird

Erfahrungsgemäß brauchen Sie nicht mehr als zwei Minuten dafür. Das ist perfekt investierte Zeit! Denn diese Orientierung gibt dem Kunden Klarheit, was passiert, die Sicherheit, dass die Entscheidung bei ihm liegt, und gleichzeitig die Offenheit Ihrerseits, indem Sie dem Kunden zu verstehen geben, was Sie von ihm wollen. Das gilt übrigens nicht nur für längere, terminisierte Gespräche, sondern auch für spontane Verkaufsgespräche:

Sie sind Verkäufer in einem Baumarkt. Ein Kunde fragt, wo er Stichsägen findet. Während Sie den Kunden zum Regal begleiten, bieten Sie ihm Ihre Beratung an. Der Kunde stimmt zu, also sagen Sie: „Damit wir die richtige Stichsäge für Sie finden, möchte ich Ihnen zuerst ein paar Fragen stellen. Wenn ich genau weiß, was Sie damit machen, kann ich Ihnen zwei mögliche Varianten zeigen. Und ich bin gespannt, für welche Sie sich entscheiden. In fünf Minuten haben wir für Sie die richtige Stichsäge gefunden." Wir wetten, damit verblüffen Sie Ihre Kunden!

Ein anderes Beispiel im Friseursalon. Eine Kundin möchte einen modernen Haarschnitt. Als Profi sagen Sie: „Bevor wir loslegen, möchte ich mit Ihnen klären, wie Ihre perfekte Frisur aussehen soll. Während des Haareschneidens interessiert mich, worauf Sie beim

Styling Wert legen. Sobald wir fertig sind, zeige ich Ihnen ein paar Tricks und Styling-Produkte, damit Sie zu Hause im Nu jeden Tag perfekt gestylt sind." Die Kundin wird aus dem Häuschen sein bei so viel Orientierung!

Im Elektrofachmarkt. Sie sind Verkäuferin in der TV-Abteilung. Ein Kunde steht etwas ratlos vor den ausgestellten Geräten. Sie gehen auf ihn zu, fragen ihn, wie Sie ihn unterstützen können, und dann sagen Sie: „Zuerst möchte ich mit ein paar Fragen klären, worauf Sie bei einem Fernseher Wert legen und welche Geräte Sie daran anschließen werden. Ich erkläre Ihnen dann die technischen Unterschiede mit dem Ziel, dass Sie die für Sie richtige Entscheidung treffen. Ich denke, in 10 Minuten haben wir das perfekte Gerät für Sie gefunden – wie klingt das?" Wir sind überzeugt, dass der Kunde seinen Freunden erzählen wird, sich wie auf einem anderen Stern gefühlt zu haben.

> **Festgehalten**
>
> Struktur schafft Sicherheit beim Kunden. Auch für den Fall, dass Sie die zwei Minuten Orientierung für vergeudete Zeit halten: Ihr Kunde empfindet das garantiert als willkommene Wohltat, von Ihnen so viel Klarheit geschenkt zu bekommen.

Der vierte Aspekt der Verständlichkeit hat in erster Linie zum Ziel, dass Sie im Kopf Ihres Kunden Bilder und Gefühle erzeugen. Ihr Gespräch sollte **animierend** sein. Wie Sie das schaffen, ist im Grunde recht einfach. Verwenden Sie Beispiele und Vergleiche, wenn Sie etwas erklären. „Die Lieferung wird 30 Pakete Parketten umfassen, in einem VW Sharan können Sie die zum Beispiel locker unterbringen." Oder „Ich bestelle Ihnen diese Laptop-Tasche gerne auch in Grün. Das Grün entspricht der Farbe dieser Aufkleber dort drüben, sehen Sie?"

Dieser Aspekt ist schon allein deshalb wichtig, weil er mit einem der wichtigsten Punkte des Verkaufens zusammenfällt: Sie wecken Emotionen damit. Verbinden Sie Funktionalität und Merkmale eines Produkts mit den Motiven und Bedürfnissen des Kunden: „Dieser mobile

4.6 Verdammt, der Kunde hat mich entlarvt!

Lautsprecher hat einen Akku und Bluetooth. Ohne Kabel können Sie stundenlang überall Ihre Lieblingsmusik vom Handy hören – egal ob mit Gästen beim Essen, im Büro oder auch unterwegs mit Freunden im Freibad. Und der Klang ist phantastisch, hören Sie selbst …". Lassen Sie die Vorteile und den Nutzen für Ihre Kunden als Bilder im Kopf tanzen.

Als Verkäufer im Baumarkt sagen Sie über die Stichsäge: „Sie ist für Sie als geschickter Heimwerker am besten geeignet. Sie haben mir erzählt, dass das Kabel Sie bisher immer gestört hat. Wenn Sie heute Nachmittag unter Ihrer Küchenspüle liegen, um die Öffnung für den Schlauch des Geschirrspülersauszusägen, wird es kein störendes Kabel geben. Und mit der eingebauten Leuchte braucht Ihr Sohn auch nicht mehr die dunkle Stelle ausleuchten."

Im Friseursalon könnten Sie Ihrer Kundin den Vorteil einer Styling-Creme so schmackhaft machen: „Weil Sie damit morgen Ihr Styling schon in zwei Minuten fertig haben, können Sie entweder um zehn Minuten länger schlafen oder, wie Sie gesagt haben, endlich in Ruhe frühstücken."

In der TV-Abteilung des Elektrofachmarkts sagen Sie: „Sie haben mir erzählt, dass Sie mit der Bildqualität vor allem in Kombination mit Ihrer Spielekonsole unzufrieden waren. Wenn Sie das nächste Mal Ihre Freunde zu einem Spieleabend einladen, werden die nicht nur die Schärfe des Bildes bewundern. Sie werden auch noch begeistert sein, weil sich Sound-Bar und Fernseher automatisch auf die Konsole einstellen und in den Spielpausen das Gerät durch das WLAN Ihre Lieblingsmusik abspielt."

Animierende Effekte erreichen Sie nicht nur durch Sprache, sondern auch durch Riechen oder Tasten. Zeigen Sie den Kunden Ihre Produkte nicht nur, sondern lassen Sie sie auch anfassen. Lassen Sie sie am Leder des Sofas schnuppern oder am zarten Kokosduft des Styling-Gels. Wenn Sie ein Produkt nicht zur Hand haben, nutzen Sie Prospekte und Bilder. Oder Sie skizzieren etwas auf Papier, um die Vorstellungskraft des Kunden anzukurbeln, beispielsweise den Prozess von der Bestellung bis zur Lieferung in die Wohnung des Kunden. Seien Sie kreativ, das erleichtert es dem Kunden, zu verstehen, was Sie sagen.

Nehmen Sie Haltung an
- Ein Kunde, der sich die Zeit für ein Gespräch nimmt, möchte etwas kaufen. Tun Sie also nicht so, als würden Sie nur beraten oder nur helfen wollen.
- Selbstverständlich wollen Sie verkaufen, davon leben Sie!
- Sorgen Sie für Klarheit, damit bauen Sie Vertrauen auf:
  - indem Sie die Dinge beim Namen nennen und
  - indem Sie sich einer klaren Sprache bedienen.
- Eine klare Sprache hat vier Attribute: Sie ist einfach, kurz, strukturiert und animierend.

4.7 Der Kunde kauft ja ohnehin im Internet

Die Meinung herrscht vor, dass Kunden sich beraten lassen – und dann im Internet kaufen. Also müsse man sich gar nicht erst anstrengen. Das Internet als großes Kaufhaus ist jedoch nicht mehr wegzudenken. Begeisterte Verkäufer arbeiten daher mit dem Internet und nicht dagegen. Der Kunde wäre ja nicht da, wäre das Internet perfekt. Diese Unsicherheit, diese Lücke nützt der begeisterte Verkäufer, um den Kunden davon zu überzeugen, dass dieser Zusatznutzen es wert ist, bei ihm zu kaufen. Auch wenn der Preis etwas höher ist.

Der Ventilator im Reisebüro surrt leise und Sandra freut sich über die kühle Brise, die zu ihr herüberschwebt. Ein kaltes Glas Mineralwasser wäre jetzt super, denkt sie. Doch als sie aufsteht, kommt ein junges Paar bei der Tür herein und steuert auf sie zu. Sandra bleibt stehen und streckt den beiden ihre Hand entgegen.

„Guten Tag! Was kann ich für Sie tun?"

„Wir wollen unseren Sommerurlaub buchen."

„Gerne", sagt Sandra und bittet die beiden, an ihrem Tisch Platz zu nehmen. Dann stellt sie routiniert ihre Fragen. Wo möchten Sie Urlaub machen? Wo haben Sie denn den letzten Urlaub verbracht? Was hat Ihnen dort gefallen, was weniger? Was soll der nächste Urlaub auf jeden Fall wieder bieten? Bald stellt sie jedoch fest, dass sie mehr mit der Frau spricht als mit dem Mann. Der beschäftigt sich lieber intensiv mit seinem Smartphone.

4.7 Der Kunde kauft ja ohnehin im Internet

„Was ist Ihnen denn wichtig?", wendet sie sich an ihn, um ihn ins Gespräch einzubeziehen. Doch der junge Mann reagiert nicht einmal darauf, so sehr ist er in sein Handy vertieft. Also wiederholt sie ihre Frage.

„Wie? Entschuldigung", sagt er, als seine Partnerin ihn mit dem Ellenbogen anrempelt.

„Hey, Georg! Es geht um unseren Urlaub, möchtest du nicht auch etwas dazu beitragen?"

„Was glaubst du denn, was ich mache, Anja?", zischt er böse zurück und hält ihr das Handy entgegen, sodass es auch Sandra sehen kann: Auf dem Display ist die Website von Holidaycheck geöffnet. Offenbar hat er sehr wohl gut aufgepasst und Sandras Informationen quergecheckt, ganz heimlich.

Sandra merkt, wie der Ärger in ihr hochsteigt. So eine Gemeinheit! Sie rackert sich hier ab, um den beiden ihren Traumurlaub zu ermöglichen, und dann checkt dieser Lümmel doch glatt, ob es das Angebot im Internet noch billiger gibt. Es ist zum Haare-Raufen! Kurz kommen Horrorszenarien hoch, in denen sie brotlos auf der Straße sitzt, weil der größte Feind des Einzelhandels und für alle Dienstleister, das Internet, ihnen alle Kunden weggenommen hat. Denn es passiert in letzter Zeit immer häufiger.

Doch dann besinnt sie sich eines Besseren. Vor einer Woche war sie bei einem Verkaufstraining, bei dem sie viel über genau diese Problematik gesprochen haben. Dank dem Trainer haben sie jedoch bald erkannt, dass einzig eine veränderte Haltung aus dieser Sackgasse heraus hilft. Mach dir das Internet zum Freund, nicht zum Feind, hat der Trainer gesagt. Schnell setzt sie ein freundliches Lächeln auf. Sie weiß doch jetzt viel besser, wie sie mit einer solchen Situation umgehen muss.

„Ah, ich sehe, Sie informieren sich aktiv", sagt sie und lächelt dem jungen Mann ins Gesicht. „Das finde ich toll. Denn es gibt wirklich viele gute Angebote, natürlich auch im Internet. Was halten Sie davon, wenn wir das zu dritt machen. Das hilft uns, dass wir für Sie auch wirklich Ihren Traumurlaub finden. Gleichzeitig müssen wir gut vergleichen, denn die Lösung liegt oft im Detail – und dafür bin ich gerne Ihr Profi! Ich schlage vor, Sie legen das Handy offen auf den Tisch, sodass wir alle drei etwas sehen. Und während wir über Ihren Urlaub sprechen, schauen wir gleichzeitig, was uns das Internet dazu verrät."

Der junge Mann hat sie während ihrer Worte mit offenem Mund fassungslos angestarrt. Nun bekommt er noch einen leichten Rempler von seiner Frau. „Na komm", sagt sie, „leg dein Handy schon her."

Sandra fährt fort mit ihren Fragen und checkt in ihrer Datenbank nach möglichen Optionen, bis das perfekte Arrangement festgelegt ist. neun Tage Teneriffa, abseits der touristischen Trampelpfade in einem hübschen Vier-Sterne-Landhaus und mit einem Mietwagen für die gesamte Urlaubszeit. Sogar die Flugzeiten sind ideal für die beiden, der Hinflug am Vormittag, der Rückflug am späten Nachmittag.

Dann ziehen sie die diversen Reiseplattformen im Internet zurate, und stellen fest, dass es dasselbe Arrangement, wie sie es gerne hätten, nicht gibt. Sieben Tage oder zehn Tage stehen zur Auswahl, aber keine neun Tage, was ungünstig ist, denn das Paar hat genau neun Urlaubstage zur Verfügung, nicht mehr und nicht weniger. Natürlich könnten sie auch nur sieben Tage buchen, und das wäre auch billiger. Doch ist es ihnen das wert?

„Nun", sagt Sandra, „haben Sie alle Informationen, die Sie brauchen, um eine Entscheidung zu treffen?" Die beiden nicken zufrieden. „Kann ich dann Ihren Urlaub für Sie buchen?"

Zehn Minuten später hat Sandra alle relevanten Daten nochmals mit den Kunden verglichen. Anja und ihr Mann haben die Anzahlung geleistet und laufen fröhlich schnatternd zur Tür hinaus. Genauso fröhlich steht Sandra auf, geht nach hinten in die Kaffeeküche und genießt den Erfolg. Sie wird dem Trainer und den anderen Teilnehmerinnen ein kurzes Mail schicken, um diesen Erfolg mit ihnen zu teilen. Denn wie der Trainer ganz richtig sagte: Erfolgserlebnisse und Glücksmomente gehören geteilt!

4.7.1 Es hat einen Grund, dass der Kunde Ihre Unterstützung sucht

Kaum eines unserer Verkaufstrainings vergeht, in denen der „Feind Internet" nicht zur Sprache gebracht wird. Das ist auch verständlich, denn fast alle Verkäuferinnen und Verkäufer verzagen. Kaum taucht in einem Verkaufsgespräch der Verdacht auf, dass der Kunde ohnehin beabsichtigt, im Webshop zu kaufen, verlieren sogar engagierte Verkäufer die Lust. Sie liefern ab da nur noch halbherzige

4.7 Der Kunde kauft ja ohnehin im Internet

Informationen, nehmen den Kunden nicht mehr ernst und versuchen kaum mehr, sich in die Welt des Kunden hineinzuversetzen. Das Nicht-Kaufen ist damit vorprogrammiert. Kunden bedanken sich für die Informationen und spazieren bei der Tür hinaus. Sie kaufen im Internet und kommen nie wieder. Was eigentlich kein Wunder ist, wenn Verkäuferinnen ihren Kunden mit ihrem verärgerten Rückzug signalisieren, dass sie das Interesse am Gespräch verloren haben. Denn dann hat auch der Kunde das Interesse am Kauf verloren.

Es ist ein Fakt: Das Internet ist in der Verkaufswelt nicht mehr wegzudenken. Es gibt wohl kaum eine Branche, die nicht klagt. Wenn Sie zu jenen gehören, die seufzend mit den Schultern zucken, wenn wieder einmal ein Kunde sich beraten ließ, ohne zu kaufen, dann sind Sie beileibe nicht alleine. Mittlerweile versuchen manche Geschäftstreibende sogar, dem so genannten Beratungsdiebstahl Einhalt zu gebieten, indem sie vom Kunden eine Beratungsgebühr verlangen, die sie im Falle einer Kaufentscheidung im Laden zurückerstattet bekommen. Ihre Botschaft an die Kunden ist: Ihr könnt tun, was ihr wollt, aber beklauen lasse ich mich nicht. Mag sein, dass das ein etwas eigenwilliger Weg ist. Aus unserer Sicht auch durchaus berechtigt, da die Beratung an sich etwas sehr Wertvolles ist. Den Erfolg des Onlinehandels wird das jedoch nicht wirklich eindämmen.

Bestimmt gibt es Unterschiede zwischen beratungsintensiven und wenig beratungsintensiven Geschäften. Je komplexer eine Kaufentscheidung ist, desto eher wird der Kunde in ein Geschäft kommen, sei es aus Mangel an Wissen oder weil er sich einfach in der Fülle der Möglichkeiten nicht entscheiden kann und die Hilfe eines Profis braucht. Unternehmen mit einfachen Produkten werden aber Kunden auch weiterhin an den Onlinehandel verlieren. Es sei denn, sie haben wirklich gute, engagierte Verkäufer, die nicht einfach die Flinte ins Korn werfen.

Vom Smartphone bis zum Nahrungsergänzungsmittel, vom Kleid bis zum Urlaub gibt es wohl kaum etwas, das man nicht im Internet kaufen kann. 24 h täglich, sieben Tage die Woche. Ladenöffnungszeiten? Pah! Stau am Einkaufssamstag? Wozu sich das antun! In Sachen Produktinformation ist die virtuelle Welt ohnehin unerschöpflich, und was gibt es Praktischeres als Buchrezensionen oder Kundenbewertungen?

Der beste Verkäufer der Welt könnte nicht so viel Erfahrung in der Anwendung seiner Produkte anbieten wie die vielen Anwenderinnen und Anwender in der großen weiten Welt, die im Internet bereitwillig ihre Einschätzungen teilen. Nur ein paar Mausklicks sind es bis zum Bestell-Button, und sofern man es mit einem professionellen Online-Shop zu tun hat, bekommt man die Ware in kürzester Zeit nach Hause geliefert.

Unser Einkaufsverhalten wird von Algorithmen gescreent, bewertet und gespeichert. Das, was wir aus einem spontanen Gedanken heraus auf einer Internetseite gegoogelt haben, wird uns auf der nächsten Website gemeinsam mit Alternativen, die uns „auch noch interessieren könnten", in Werbebannern sofort angeboten. Für manche Menschen wirkt das immer noch bedrohlich, doch es werden immer mehr, für die das Teil der Normalität ist.

Und trotzdem kommen Kunden in Ihren Laden, nicht wahr? Vielleicht weniger als früher, aber doch. Und Sie betrachten diese Kunden, freuen sich einerseits, dass sie da sind, andererseits steigt die Skepsis in Ihnen hoch. Der will doch bestimmt nur ein paar Infos, die er im Internet nicht gefunden hat, um dann online zu kaufen.

Exakt in dieser Situation ist ein Umdenken angesagt. Es geht – wie sollte es in diesem Buch anders sein – um eine andere Haltung, die angebracht, ja sogar dringend notwendig ist. Verwandeln Sie Ihre Skepsis, Ihre Vorurteile, Ihre negative Haltung in eine positive. Das hilft sehr. Und ist nicht einmal so blauäugig, wie Sie jetzt vielleicht denken. Denn das Internet hat auch Nachteile, und genau diese Nachteile bringen Kunden dann doch dazu, zu Ihnen zu kommen!

> **Festgehalten**
> Erfolgreich verkaufen trotz Webshop-Konkurrenz ist absolut realistisch. Sie müssen dafür nur eines tun: Ihre Einstellung ändern und sich das Internet zum Verbündeten machen.

Ein wesentlicher Nachteil des Internets ist die Schwierigkeit der Online-Händler, bei ihren Kunden **Vertrauen** zu wecken. E-Shops, bei denen man nicht erkennen kann, ob der Firmensitz in Europa, den USA oder in Asien ist. Websites, die mitten im Bestellprozess – oder noch schlimmer während des Bezahlvorgangs – abstürzen und man sich fragen muss, wo die Daten nun hinverschwunden sind. Wird das Produkt auch wirklich geliefert, wenn ich im Voraus zahle? Sind meine Kreditkartendaten vor Hackern sicher, wenn ich sie im Formular eingebe? Welche Aussagekraft hat das Security-Label, von dem man noch nie gehört hat? Es gibt wohl nur wenige Online-Shops, die es geschafft haben, als vertrauensvoll eingestuft zu werden kraft ihrer Marke, ihrer Reputation am Markt.

Natürlich gibt es auch reale Geschäftslokale, in die man keinen Fuß hineinsetzen würde, weil ihre einzige schmale Auslage und die Tür mit tausend Zetteln zugeklebt sind, auf denen einem zweifelhafte Sonderangebote entgegenschreien. Doch im Normalfall haben Sie als Verkäuferin oder Verkäufer im Laden einen unwiderstehlichen Vorteil, den das Internet nie und nimmer bieten kann: Sie sind ein Mensch aus Fleisch und Blut, und Sie stehen Ihrem Kunden persönlich gegenüber. Und nicht nur das, Sie sind auch noch ein Mensch, der sich für den Kunden interessiert. Weil Sie zu den guten Verkäufern gehören, ist es Ihr vorrangiges Anliegen, diesen Kunden zu begleiten, damit er die richtige Entscheidung trifft, und deshalb stellen Sie ihm Fragen. Wir Menschen sind so gestrickt, dass wir zu jemandem auf jeden Fall Vertrauen aufbauen, schon alleine, weil er sich für uns interessiert. Und wenn wir dann auch noch das Gefühl haben, bei einem Bedienungsproblem oder einer Reklamation wiederkommen zu können, dann freuen wir uns und fühlen uns in guten Händen. Dieses Gefühl kann das Internet nicht auslösen.

Ein weiteres Problem, das Kunden im Internet oft haben, ist seine Uferlosigkeit. Es konfrontiert den Kunden mit einem **Zuviel an Informationen,** das ihn oft genug überfordert. In unserer Eingangsgeschichte haben die beiden Kunden, Georg und Anja, am Ende auf Sandras Bitte hin ihr noch Feedback gegeben. Sie haben erzählt, dass sie sich vorher schon sehr ausführlich im Internet schlau machten, weil sie online buchen wollten. Doch die Fülle an Möglichkeiten hat sie schlichtweg kapitulieren lassen. Deshalb wollten sie mit Sandras Hilfe ein wenig Licht ins Dunkel erlangen. Sie gaben zu, dass sie sich nur die Beratung holen wollten, um dann günstiger im Internet zu buchen. Doch das tolle Gespräch und vor allem Sandras Offenheit haben sie überzeugt, doch im Reisebüro zu buchen.

Typisch für Internetangebote ist auch, dass sie **wenig Individualität** zulassen. Anja und Georg beispielsweise konnten unzählige Angebote finden. Doch für die von ihnen gewünschten neun Tage mit den für sie idealen Flugzeiten und den anderen kleinen Details, die sie wollten, gab es nichts. Nun, das ist nicht überraschend. Computer sind Maschinen, die bevorzugt mit standardisierten Produkten gespeist werden. Da ist eben niemand, der maßgeschneiderte Angebote aufbereitet. Und so finden Kunden oft zwar eine Fülle von Möglichkeiten, aber nicht genau die, die sie am liebsten hätten. Viele gehen dann einen Kompromiss ein und nehmen zähneknirschend in Kauf, zwei Urlaubstage zu verplempern oder auf die bessere Speicherkarte zu verzichten oder das Rad, das in Einzelteilen geliefert wird, selbst zusammenbauen zu müssen.

Mag sein, dass es im Internet alles gibt und das auch noch schnell, doch meistens dauert es doch ein paar Tage oder sogar Wochen, bis der Paketdienst endlich zustellt. Online-Kunden stellen sich also besser auf eine gewisse **Lieferzeit** ein. Wenn sie dann noch dazu ausgerechnet dann nicht zu Hause sind, wenn der Postbote läutet, dann ist ein Weg zu Post nötig und es ist nicht mehr weit her mit dem Versprechen „shopping, bequem auf der Couch". Für Menschen, die fernab der Ballungszentren weite Autofahrten in Kauf nehmen müssten, um bestimmte Einkäufe zu tätigen, ist die Lieferzeit vermutlich das geringere Übel. Großstädter haben die Wahl: Ist ihnen die Wartezeit etwas wert? Wenn sie ungeduldig sind, gehen sie lieber in den Laden, weil sie dort den Krimi gleich mitnehmen und noch am selben Abend lesen können.

4.7.2 Nutzen Sie die Nachteile des Internet zu Ihrem Vorteil

Kunden finden im Internet das, was sie in die Suchmaschine eingeben – doch dafür müssen sie wissen, was sie genau wollen, und das ist nicht immer so einfach. Das Internet liefert ihnen Antworten auf Fragen, die

4.7 Der Kunde kauft ja ohnehin im Internet

sie stellen – doch sind das auch die richtigen Fragen? Es ist schließlich nicht so einfach, wenn nicht gar unmöglich, einen objektiven Blick von außen auf eigene Probleme und Anliegen zu werfen. Sie können sich stundenlang durch unzählige Erfahrungsberichte anderer Anwender scrollen – doch welche davon echt und welche ein Fake und vom Anbieter geschrieben sind, das müssen sie selbst herausfinden.

Dank Internet sind Kunden heute wesentlich besser informiert als noch vor zehn Jahren. Für uns Verkäuferinnen und Verkäufer ist das Fluch und Segen gleichermaßen. Zum einen glauben viele Kunden, nun ganz genau zu wissen, wovon sie reden, schließlich haben sie die Information von Dr. Google himself erhalten. Nur wenn man konkret und hintergründig nachfragt, stellt man fest, dass das Kundenwissen nur Halbwissen ist. Zum anderen lassen sich Kunden nicht mehr so leicht über den Tisch ziehen – und das hilft uns Verkäufern. Denn die Blender und Hardseller in unseren Reihen haben nun nicht mehr so viele Quick-wins und Chancen wie früher. Kunden haben heute mehr denn je den Anspruch, ernst genommen zu werden. Und das kommt allen Verkäuferinnen und Verkäufern zugute, die mit Herz und Seele dabei sind und ein aufrichtiges Interesse daran haben, ihren Kunden etwas Gutes zu tun.

Einen einzigartigen Vorteil haben wir auch gegenüber jedem Webshop: Wir können individuell auf den Kunden eingehen und die richtigen Fragen stellen. Das Internet beantwortet Fragen, die der Kunde stellt. Wenn er aber zu uns kommt, stellen wir Fragen, an die der Kunde gar nicht gedacht hätte, die aber entscheidend sind, damit er die richtige Lösung bekommt. Das ist der springende Punkt. Daher:

- Bieten Sie mehr an als nur Ihre Produkte. Denn Produkte hat das Internet auch. Die richtigen Fragen, einen individuellen Service, Verständnis – das alles haben nur Sie!
- Seien Sie kreativ und entwickeln Sie Ideen, an die der Kunde selbst nicht gedacht hat.
- Regen Sie den Kunden zum Nachdenken an, indem Sie kluge Fragen stellen.
- Tauchen Sie emotional in die Welt der Kunden ein, um sie wirklich zu verstehen.

- Haben Sie den Willen, jeden Tag mit Leidenschaft das Vertrauen Ihrer Kunden zu gewinnen.
- Kehren Sie Aspekte in den Vordergrund, die klarmachen, dass Sie als Mensch aus Fleisch und Blut zur Verfügung stehen. Sagen Sie „Wenn Sie in der Anwendung Fragen haben, kommen Sie zu mir. Ich bin für Sie da!", denn das kann das Internet nicht sagen.

> **Festgehalten**
> Der größte Vorteil, den Sie als Mensch gegenüber dem Internet haben, ist: Sie können Fragen stellen, an die der Kunde gar nicht gedacht hätte, die aber entscheidend sind, damit er die richtige Lösung bekommt.

4.7.3 Machen Sie sich das Internet zum Freund, nicht zum Feind

Den Kopf in den Sand zu stecken, hilft also nicht. Der Konkurrent „Webshop" verschwindet auch nicht, wenn wir schimpfen und fluchen und jammern. Das Internet ist gekommen mit all seinen Vor- und Nachteilen, und es liegt an uns, damit einen Umgang zu finden, der uns und unseren Kunden nützlich ist. Es ist nicht anders als bei der stressgeplagte Managerin, die sich beklagt, dass ihr Handy Tag und Nacht läutet – vom Klagen wird das Läuten nicht weniger werden. Wohl aber, wenn sie es zu bestimmten Zeiten abschaltet oder eine andere Lösung findet, um mit dem Smartphone besser zurechtzukommen und sich nicht ständig ärgern zu müssen.

Für Händler wie Verkäufer gibt es im Grunde nur drei Wege, sich mit dem Internet zu arrangieren: Entweder sie bleiben in ihrem Jammertal oder sie werfen das Handtuch – oder sie stellen sich mit positiver Energie dieser Herausforderung. Ob Sie sich für Letzteres entscheiden oder nicht wird ausschlaggebend sein, ob Sie im Verkauf eine erfolgreiche Zukunft haben oder nicht. Wenn Sie weiterhin jammern und klagen, ohne etwas zu verändern, werden Sie jedenfalls verlieren, so viel ist sicher. Wir gehen also davon aus, dass Sie sich dafür entscheiden, Ihren Job auch weiterhin mit Freude ausüben zu wollen – immerhin ist Verkaufen ja doch die schönste Aufgabe der Welt, nicht wahr? Den lassen wir uns vom Internet nicht vermiesen!

4.7 Der Kunde kauft ja ohnehin im Internet

Ihre Strategie lautet ab nun: Ich nutze sowohl die Vorteile wie auch die Nachteile des Internet in meinem Verkaufsgespräch. Konkret bedeutet das,

1. dass Sie nicht gegen das Internet arbeiten, sondern es sich zunutze machen und die Vorteile unbegrenzter Informationen in Ihre Verkaufsgespräche einbinden.
2. dass Sie den Wert noch mehr in den Vordergrund stellen müssen, indem Sie dem Kunden Sicherheit, Vertrauen und individuelle Beratung vermitteln, allesamt Attribute, bei denen das Internet schlechter abschneidet.
3. dass eine starke Abschlussfrage zu einem zwingenden Muss wird. Das ist aus unserer Sicht das einzig Hilfreiche, um zu verhindern, dass der Kunde nach der Beratung im Internet kauft.

Mit dem Internet arbeiten. Verändern Sie Ihre Haltung gegenüber dem Internet so, dass Sie es sich zunutze machen. Sagen Sie nicht „Das Internet ist böse, es nimmt mir meine Kunden weg", sondern „Es ist sinnlos, das Internet zu ignorieren, also mache ich es mir zu meinem Verbündeten." Machen Sie es wie Sandra in unserer Geschichte zu Beginn des Kapitels. Als sie sieht, dass der Kunde heimlich im Internet nach günstigen Angeboten sucht, reagiert sie zwar im ersten Augenblick verärgert. Doch gleich legt sie ihren inneren Stimmungsschalter um: nicht ärgern, sondern proaktiv mit einbeziehen, ist die Devise. Also schlägt sie vor, das Handy in die Mitte des Tisches zu legen, damit alle gemeinsam nachschauen können. Ganz ohne Sarkasmus, ganz ohne Vorwurf im Unterton. Es ist ganz wichtig, dass Sie nicht anklagend werden, denn damit erreichen Sie nur das Gegenteil Ihres Ziels: Der Kunde macht zu, er geht auf Distanz, Ihr Vertrauensvorsprung schmilzt dahin.

Spielen Sie am besten von Anfang an mit offenen Karten und sorgen Sie für beidseitige Transparenz. Wenn Sie danach fragen, was die Kundin schon weiß und wie sie sich informiert hat, antworten viele: „Ich habe mich schon auf Geizhals erkundigt." Damit ist das Thema Internet auf dem Tisch und Sie können es miteinbeziehen. Welche Möglichkeiten Sie diesbezüglich haben, haben wir für Sie aufgelistet. Sie erinnern sich an das VGZ-Modell aus Abschn. 4.3? Sie können die virtuelle Konkurrenz ansprechen oder einbeziehen, indem Sie Fragen über die Vergangenheit und die Gegenwart stellen:

- „Was haben Sie im Internet über das Produkt bereits in Erfahrung gebracht?" (Vergangenheit)
- „Wie – auf welchen Websites – haben Sie sich schon erkundigt?" (Vergangenheit)
- „Welche Informationen, die Sie im Internet zu diesem Angebot nicht finden konnten, brauchen Sie?" (Vergangenheit)
- „Schauen wir doch, was das Internet zu unserem Leistungspaket alles ausspuckt" (Gegenwart).
- „Machen wir es doch so: Ich öffne in einem weiteren Fenster meines Computers den Browser, damit wir vergleichen können" (Gegenwart).
- „Oh, diese Frage kann ich nicht beantworten, aber schauen wir doch gleich im Internet nach. Schauen Sie, ich hab das Gerät jetzt hier, Sie können es bei mir anfassen!" Der Kunde denkt sich dann nämlich: Clever, das hätte ich ansonsten selbst zu Hause gemacht (Gegenwart).

> **Festgehalten**
>
> Arbeiten Sie mit dem Internet, indem Sie seine größte Stärke für sich selbst und für den Kunden nutzen: das unerschöpfliche Informationsangebot. Machen Sie es für Ihren Kunden übersichtlich.

Den Wert in den Vordergrund stellen. Erinnern Sie sich an unser Modell der Waage aus Abschn. 4.2, auf deren einen Schale die Emotion und auf der anderen die Ratio liegt? Ein Verkaufsgespräch hat für einen Kunden dann einen echten Sinn, wenn Sie sich vorrangig mit Motiv und Gefühl des Kunden beschäftigen. Sie unterstützen ihn auf diese Weise, klar zu benennen, was ihm wirklich wichtig ist. Sie fragen nach seinem Ziel, seinem Wunsch, seinem Traum. Sobald Sie ein klares Bild haben, führen Sie ihm zwei, drei Alternativen vor. Erst dann können Sie rationale Informationen beisteuern, über Gigabyte, Verarbeitungsqualität und über den Preis reden. Eine Preisverhandlung hat dann auch eine

4.7 Der Kunde kauft ja ohnehin im Internet 117

ganz andere Qualität, wenn Sie vorher über emotionale Argumente den Wert des Produkts klarmachen, den Mehrwert, der mehr wiegt als der Preis.

Das Internet tut sich mit emotionalen Aspekten schwer, die exakt die subjektiven Motive des Einzelnen treffen. Stattdessen bietet es vor allem rationale Fakten: Produktbeschreibungen, den Preis, den Packungsinhalt, die Packungsgröße, Lieferkonditionen, Garantiedauer usw. Zahlen, Daten und Fakten also. Eine Kundin wird – zumindest noch – nicht gefragt, für welchen Zweck sie ein Tablet braucht oder welches Feature für den Kindersitz besonders wichtig ist. Weil Kunden oft selbst nicht so klare Vorstellungen haben, klicken sie sich durch Unmengen an Online-Shops und haben ihre liebe Not, allein aufgrund von Fakten eine Entscheidung zu treffen. Einzig Preisvergleichsplattformen, Vergleichstests, Gästebewertungen und Rezensionen helfen bei der Entscheidungsfindung.

Im Grunde hat ein persönliches Verkaufsgespräch gleich zwei emotionale Vorteile gegenüber dem Internet: Der eine liegt darin, dass Sie als Verkäuferin oder Verkäufer den Kunden unterstützen, sein Ziel, seinen Wunsch klarer zu benennen, was er alleine nie so gut geschafft hätte. Selbst wenn er klare Vorstellungen hat, ist es dennoch etwas anderes, den Wunsch in Worte zu fassen und auszusprechen. Der andere Vorteil ist, dass Sie ihm helfen, aus der erdrückenden Vielzahl an Angeboten ein paar wenige, aber passende ins Auge zu fassen, damit er sich nur zwischen zwei oder drei, aber nicht zwischen tausend Alternativen entscheiden muss. Ihre Aufgabe als Verkäufer ist, dem Kunden die Sicherheit zu geben, dass alles für die Entscheidung Wichtige berücksichtigt wurde. „Lieber Kunde, ich bin Experte in dem Bereich, und das ist die beste Lösung für dich" ist die Botschaft, die beim Kunden ankommen soll. Ein Kunde braucht die Sicherheit, die richtige Entscheidung für sich treffen zu können. Als Verkäuferin erarbeiten Sie mit ihm eine Entscheidungsgrundlage. Im Internet macht das niemand mit ihm. Für den Kunden haben Sie den größten Wert, wenn sie ihn nicht allein lassen.

Wenn Sie dann noch Ihre Serviceleistung in die Waagschale legen, sind Sie beinahe unschlagbar: Das Partykleid ist jetzt und hier angreifbar und verfügbar, die Kundin kann gleich damit nach Hause gehen und muss nicht erst eine Lieferzeit abwarten. Wenn es an der Hüfte zwickt, kann die hauseigene Änderungsschneiderei das Problem schnell beheben. Mit einem im Internet gekauften Kleidungsstück muss sie entweder selbst die Nähmaschine auspacken oder zur Schneiderin fahren. Falls das Partykleid wider Erwarten nicht zur daheim im Schrank hängenden Jacke passt, kann sie es umtauschen und sich – mit der Jacke unterm Arm – noch einmal beraten lassen. Und auch für jegliche Reklamation weiß die Kundin eine Verkäuferin aus Fleisch und Blut an ihrer Seite, an die sie sich wenden kann.

Es stimmt schon: Viele Produkte sind im Internet günstiger als im Fachhandel. Wenn Ihr Kunde dieses Argument vorbringt, reagieren Sie auch hier proaktiv und auf keinen Fall unwillig: „Okay, dann schauen wir doch nach. Bei welchem Internethändler würden Sie es kaufen?" Reden Sie noch einmal über den Wert. Fragen Sie Ihren Kunden: „Was ist Ihnen das wert?" Weil viele Kunden bei „Wert" an den „Preis" denken, helfen Sie ihnen gleich auf die Sprünge. Wenn er sagt „Im Internet ist es billiger", dann entgegnen Sie ihm, dass der Preis nur einer der Faktoren ist, die zu seiner Kaufentscheidung führt. Viel wichtiger ist aber der Wert, den er im Kauf sieht. Schieben Sie die Frage nach: „Neben einem fairen Preis, was ist Ihnen für die Kaufentscheidung rundum noch wichtig?"

Nehmen wir ein Beispiel, um zu demonstrieren, worin der Wert stecken kann. Gernot möchte seinen PC runderneuern und verbessern. Weil er ein „kleiner Elektronikfreak" ist, kennt er sich aus mit Prozessoren und Speicherchips, kennt die Unterschiede zwischen G-Force- und AMD-Grafik-Prozessoren, er weiß, welchen Kühler er einbauen muss, damit die gewünschte Grafikkarte die Geschwindigkeit leistet, die sie theoretisch kann. Er könnte das alles im Online-Shop bestellen. Trotzdem kauft er im Fachgeschäft. Warum? Weil er dort einen Verkäufer kennt, der ebenso ein Freak ist. Mit ihm bespricht er alles, was er sich konkret vorgestellt hat. Sein Verkäufer stellt ihm trotzdem ein paar Fragen. Es stellt sich heraus, dass Gernot die richtigen Teile gewählt hat, nur beim Kühler würde der nächstkleinere absolut ausreichen. Aber im Grunde genommen bekommt er bestätigt, dass er richtig lag mit seiner Wahl – und das gibt ihm Sicherheit. Der Verkäufer hat ihm bestätigt, dass er mit seinem Halbwissen die

4.7 Der Kunde kauft ja ohnehin im Internet

richtigen Entscheidungen getroffen hat, und das gibt Gernot auch noch eine große Genugtuung und vielleicht ist er auch ein bisschen stolz, dass er so viel weiß. Im Fachgeschäft zahlt er für das gesamte Assembling 977 EUR, und obwohl er es im Internet um 920 EUR bekommen hätte, zahlt er gerne den höheren Preis – weil die Sicherheit und Selbstbestätigung ihm das wert ist! Zudem bietet der Verkäufer ihm an, alles fachgerecht einzubauen, und auch dieses Angebot nimmt Gernot gerne an, obwohl er es selbst hätte machen können. Doch er weiß, wenn die Profis im Fachmarkt das machen, dann sind alle Kabel sauber verlegt. Er selbst hätte das nicht so schön hinbekommen. Alles in allem zahlt er gerne mehr als im Online-Shop – und das nur wegen der Bestätigung und dem Gefühl der Sicherheit. Demnächst, wenn er den Computer seines Sohnes auffrisieren wird, wird er genauso handeln und zu „seinem" Verkäufer im Fachhandel gehen.

> **Festgehalten**
>
> Stellen Sie Ihre größte Stärke, die Sie gegenüber dem Internet haben, hervor: Erarbeiten Sie mit Ihrem Kunden seinen emotionalen Wert des Produkts.

Einen starken Abschluss wagen. Gerade wegen des Internets ist es unverzichtbar, dass Sie den Kunden nach einem guten Verkaufsgespräch nicht einfach nach Hause gehen lassen. Sie haben sich ins Zeug gelegt, haben gute Fragen gestellt, der Kunde ist glücklich, weil er endlich weiß, welches der zwei zur Auswahl stehenden Rennräder er gut findet. Nun müssen Sie aber auch versuchen, das Geschäft hier und jetzt abzuschließen. Tun Sie das nicht, geht der Kunde heim und bestellt das Rennrad im Internet und Sie schauen durch die Finger. Es gibt nichts Schlimmeres als abschließend zu sagen: „Gut, dann überlegen Sie es sich noch." Das ist, als ob Cristiano Ronaldo einen Meter vor der Torlinie den Ball abstoppt und ihm einem Gegner zupasst!

Ein starker Abschluss sieht anders aus, nämlich so: „Lieber Kunde, haben Sie nun alle Informationen, um eine Entscheidung zu treffen?" An dieser Stelle kann der Kunde nur Ja sagen. Würde er Nein sagen müssen, dann heißt das, dass Sie noch nicht am Ende Ihres Verkaufsgesprächs sind. Wenn der Kunde aber Ja sagt, muss es heißen: „Sehr gut. Dann bringe ich Ihre neuen Sachen gleich zur Kasse! Vielen Dank für das Gespräch und viel Freude mit der Ware!"

Sollte der Kunde immer noch zögern, setzen Sie weiterhin auf Offenheit und Transparenz, wie wir sie in Abschn. 4.6 besprochen haben. Haben Sie den Mut zu sagen: „Ich möchte, dass Sie bei mir kaufen. Das ist mein Anliegen, mein Ziel." Viele Verkäuferinnen und Verkäufer trauen sich das nicht zu sagen. Nehmen Sie sich ein Herz, Sie können nur dabei gewinnen. Denn wissen Sie, was so ein Satz beim Kunden auslöst? Er denkt sich: Wow, der meint es wirklich ernst. Er will mich als Kunden gewinnen. Ich bin ihm tatsächlich wichtig!

Nehmen wir noch ein Beispiel, um zu verdeutlichen, wie ein starker Abschluss aussehen kann: Herbert möchte ein Rad kaufen. Er hat sich im Internet umgesehen und sich für eines entschieden. Doch irgendwie möchte er schon gerne einmal draufgesessen haben, bevor er es kauft. Also geht er in ein großes Sportgeschäft, mit dem Ziel, sich auf das Rad zu setzen, vielleicht eine kleine Runde zu fahren und wieder zu gehen, um es sich im Online-Shop zu bestellen.

Bei einem schwachen Verkäufer wäre das auch genauso geschehen. Ein guter Verkäufer jedoch würde Herbert in ein Gespräch verwickeln und viele Fragen stellen: Weshalb interessieren Sie sich gerade für dieses Rad? Wo werden Sie mit dem Rad unterwegs sein? Wie werden Sie es transportieren? Was wissen Sie schon über Räder? Welches hatten Sie vorher? Welches Budget haben Sie vorgesehen? Fragen, die dem Verkäufer ein klares Bild über den Bedarf geben. Anschließend würde der Verkäufer ihm zwei Räder zeigen (und nur wenn es wirklich passend ist, ist das Rad dabei, das Herbert sich ursprünglich im Internet ausgesucht hat). Bei einem schwachen Verkäufer würde das Ende des Gesprächs in etwa so ablaufen: „Okay, danke für diese Informationen", würde Herbert sagen. „Bitte gern geschehen!" – „Ich überlege es mir noch, schönen Tag, auf Wiedersehen!" – Und weg wäre er.

Nicht so bei einem Verkäufer, der einen starken Verkaufsabschluss beherrscht. Das hört sich so an: „Okay, danke für diese Informationen", sagt Herbert. „Gerne", sagt der Verkäufer, „haben Sie nun alle

Informationen, sodass Sie sich heute entscheiden können, das Rad bei mir zu kaufen?" „Ja", muss Herbert zugeben, denn bei einem Nein würden weitere Fragen kommen, und es wurde doch alles schon erschöpfend besprochen! „Welches nehmen Sie", fragt dann der Verkäufer, „das K10 oder das Kilimanjaro?"

Diese Frage müssen Sie als Verkäufer oder Verkäuferin stellen, unbedingt! Trauen Sie sich, Sie werden sehen, es tut gar nicht weh. Wir wissen, wie schwer das den meisten fällt, sie sitzen uns regelmäßig in unseren Seminarräumen gegenüber. Daher bestehen wir auch so sehr darauf: Es ist nicht nur in Ordnung, so bestimmend und konkret zu fragen. Es ist eine Notwendigkeit! Denn sonst bestellt der Kunde im Internet.

Festgehalten

Lassen Sie Ihren Kunden nicht einfach gehen, nachdem Sie ihm bei seiner Entscheidung begleitet haben. Seien Sie bestimmt und konkret, damit Sie einen Abschluss machen.

4.7.4 Wappnen Sie sich: Das Geschäft wird härter

Zu meinen, mit der richtigen Strategie würden sich nun alle Internet-Kunden eines Besseren belehren lassen und ihnen ab sofort freudig die Bude einrennen, ist natürlich blauäugig. Das Internet, da brauchen wir uns nichts vormachen, ist ein starker und hartnäckiger Mitbewerber. Das bedeutet für Sie, dass Sie sich noch mehr anstrengen müssen, um erfolgreich zu bleiben. Es wird immer Menschen geben, die lieber im Internet kaufen, vor allem bei Produkten, die nur wenig oder keine Beratung erfordern. Je weniger beratungsintensiv, desto eher wird der Kunde den Online-Shop wählen.

Wenn Sie bisher wöchentlich 50 Kunden ansprechen mussten, um 25 Abschlüsse zu generieren, dann werden Sie in Zukunft 100 Kunden ansprechen müssen. Das ist nun einmal so und daran führt kein Weg vorbei. Oder anders herum: Wenn früher täglich 100 Kunden in Ihr Geschäft kamen und heute nur noch 50, dann müssen Sie bei diesen

50 Kunden noch viel professioneller vorgehen, um diese Kunden davon zu überzeugen, dass ein Kauf bei Ihnen einen echten Mehrwert gegenüber dem Internet hat.

Umso wichtiger ist daher nicht nur Ihre Einstellung als Verkäufer und Ihr gekonntes Miteinbeziehen des Internets, sondern auch das Thema Weiterempfehlung, über das Sie in Abschn. 4.9 lesen werden. Denn wenn Sie künftig 100 statt 50 Kunden ansprechen müssen, müssen Sie einiges tun, um mit noch mehr Kunden in Kontakt zu kommen. Weiterempfehlung ist ein wunderbares Mittel, um Kunden zu generieren, ohne dass Sie den ersten Schritt setzen müssen.

Falls Sie feststellen, dass Sie in einer Branche arbeiten, die über kurz oder lang dennoch wenig Chancen gegen die virtuelle Übermacht hat, dann denken Sie doch einmal über einen Wechsel nach. Bilden Sie sich auf jeden Fall weiter. Umdenken, umlernen, Sparte wechseln – das sind Ihre Optionen. Und das möglichst bald, noch bevor Sie der Frust auffrisst. Nehmen wir nur einmal das Bankwesen. In den einfachen Filialen wird es bald kaum mehr wirklich ausgebildete Bankbetreuer geben, sondern nur jemanden, der die Bestellung von Standardprodukten abwickelt. Sie wollen ein Konto eröffnen? Dafür brauchen Sie a, b und c. Bitte Ihren Ausweis, hier noch eine Unterschrift – und das war es auch schon. Für das Ausfüllen der Formulare im Computer braucht es keine Spezialisten. Nur wenn es um den Kauf einer Wohnung geht oder eine Firmengründung, braucht es Experten. Um zu diesen hochspezialisierten Bankangestellten zu kommen, wird man aber nicht bloß in die nächste Filiale gehen können, sondern einen Termin vereinbaren müssen.

> **Festgehalten**
>
> Aus dem Internet weht ein zunehmend rauer Wind. Umso wichtiger ist es, dass Sie einen starken Abschluss hinlegen.

Wir wollen hier nicht schwarzmalen und eine düstere Zukunftswelt heraufbeschwören. Doch wir wollen Sie anregen, der Realität ins Auge zu blicken und Ihre Optionen zu prüfen. Wenn Sie einen Friseurladen betreiben, werden Sie sich vor dem Internet ohnehin nicht fürchten müssen, sondern die Vorzüge der sozialen Medien für Ihr Marketing nutzen. Wenn Sie aber Produkte verkaufen, stellen Sie sich der neuen Herausforderung. Überlassen Sie nicht mutlos den Online-Shops das Feld!

Passen Sie sich an, indem Sie sich eine neue Haltung aneignen, sich weiterbilden oder zur Not auch die Sparte wechseln. Unternehmer können sich heutzutage keine schwachen, mutlosen und schwarzmalenden Verkäufer leisten. Bleiben Sie neugierig, offen und lernbereit. Und freuen Sie sich über jeden Menschen, der zu Ihnen ins Geschäft kommt. Es gibt einen Grund, warum er nicht im Online-Shop kauft. Finden Sie heraus, welcher das ist, und machen Sie das Geschäft mit ihm!

> **Nehmen Sie Haltung an**
> - Wenn ein Kunde zu Ihnen kommt, dann hat das einen Grund. Legen Sie also unbedingt Ihre Überzeugung ab, er würde ohnehin im Internet kaufen.
> - Auch wenn das Geschäft härter wird: Zur Aufgabe besteht kein Grund.
> - Nutzen Sie die Vorzüge des Internet (Informationsüberangebot) und Ihre große Stärke (die das Internet nicht hat):
>   - Ihre Menschlichkeit
>   - Emotionen
>   - Vertrauen
>   - Sicherheit
> - Üben Sie sich in einem starken Abschluss.

4.8 Unzufriedene Kunden sind die Pest

> Beschwerden sind schlimm, daher muss man ihnen entweder aus dem Weg gehen oder sie so schnell wie möglich abwickeln. Das sagen die einen. Die begeisterten Verkäufer hingegen freuen sich über Kunden, die sich beschweren. Schließlich bekommen sie nur so die Chance, die Situation zu korrigieren. Nicht zuletzt sind unzufriedene Kunden, die sich verstanden und gut behandelt fühlen, die treuesten Kunden, die gerne weiterempfehlen.

Herr Holzer, der Parkettbodenverkäufer – Sie kennen ihn aus Abschn. 4.2 – hat einen Anruf seines Lieferanten bekommen. Es gäbe einen Engpass, er könne die Parketten für den Kunden Linde leider nicht zeitgerecht liefern, es käme zu einer Verzögerung von zwei Wochen. Herrn Holzer ist das äußerst unangenehm. Ausgerechnet bei so einem guten Kunden! Die Familie Linde hat Parketten für die meisten Räume ihres neuen Hauses bestellt, 120 m² wunderschöne, handgeschliffene Paneele aus Eiche um insgesamt 26.000 EUR. Herr Holzer stöhnt. Wie soll er ihnen das nur beibringen?

Seit dem Morgen schon, als der Anruf kam, schiebt er das Telefonat mit den Lindes vor sich her, weil er sich nicht traut und es ihm unangenehm ist. Nach der Mittagspause, in der er vor lauter Arbeit gar nicht zum Essen gekommen ist, überwindet er sich schließlich. Es ist Frau Linde, die abhebt.

„Guten Tag, Frau Linde. Holzer spricht hier, es geht um Ihre Parkettböden. Es tut mir leid, Ihnen mitteilen zu müssen, dass unser Lieferant nicht rechtzeitig liefern kann. Das heißt für Sie, dass die Böden um zwei Wochen später geliefert werden als vereinbart, KW 34 statt KW 32."

„Oh, das ist aber nicht gut. Wir haben schon einen kompletten Zeitplan mit den anderen Handwerkern und Lieferanten vereinbart, die aber erst kommen können, wenn die Böden fertig sind!"

„Ja, das denke ich mir. Und es tut mir wirklich leid, dass wir Ihnen diese Unannehmlichkeiten machen."

„Schon gut. Ich nehme an, Sie können ja nichts dafür. Ich werde mit meinem Mann sprechen."

Als sie auflegen, fällt Herrn Holzer ein Stein vom Herzen. Doch die Erleichterung währt nur kurz. Zwei Stunden später steht Herr Linde im Geschäft. Mit hochrotem Kopf und geblähten Nasenflügeln baut er sich vor ihm auf und wettert so richtig drauf los.

„Ist Ihnen überhaupt klar, was das für uns bedeutet?", schreit er. „Die Maler sind für KW 33 bestellt, die neue Küche ebenso und auch die Türen! Das war eine Heidenarbeit, alles so zu koordinieren, und jetzt kommen Sie daher und werfen alles über den Haufen!"

Herr Holzer schaut betroffen drein und nickt. „Ich kann Ihren Unmut sehr gut verstehen. Sie haben mir ja damals beim Kauf erzählt, dass Sie noch weitere Handwerker im Haus haben werden."

4.8 Unzufriedene Kunden sind die Pest

Herr Linde ist immer noch aufgebracht. „Da kauft man einen sündteuren Bodenbelag und dann hat man nur Scherereien! Was glauben Sie denn eigentlich!"

„Ich sage Ihnen, wie es ist: Ich habe einen halben Tag gebraucht, um meinen Mut zusammenzunehmen und bei Ihnen anzurufen, weil ich genau weiß, dass Sie das jetzt in Schwierigkeiten bringt. Ich habe selbst schon Haus gebaut, ich weiß, was das bedeutet. Ich wäre an Ihrer Stelle genauso wütend."

„Ach, Sie sind auch Hausbesitzer?" *Herr Linde schnauft einmal tief.* „Na, dann wissen Sie ja, wovon ich rede. Wir haben extra die Küchenfirma gequält und sie überredet, dass sie in KW 33 liefern müssen. Ich kann bei denen doch nicht jetzt anrufen und um Aufschub bitten, das ist ja peinlich."

„Natürlich ist das peinlich. Und außerdem verschiebt sich dann ja auch Ihr Einzug." *Kurz schweigen die beiden Männer. Herr Holzer stellt fest, dass das Gesicht seines Kunden wieder Normalfarbe angenommen und seine Körperspannung nachgelassen hat. Also wagt er, eine wichtige Frage zu stellen.*

„Herr Linde, mir ist wichtig, dass ich Sie unterstütze, soweit es mir möglich ist. Was kann ich tun, dass trotz dieses Lieferverzugs für Sie so wenig Irritationen wie möglich entstehen?"

„Das ist eine gute Frage", *sagt Herr Linde.* „Ich weiß nicht. Sagen Sie es mir."

Herr Holzer ist erleichtert. Sein Kunde scheint sich tatsächlich den Ärger von der Seele geredet zu haben und kooperationsbereit zu sein.

„Ich könnte den Lieferanten fragen, ob er einen Teil liefern kann. So viel, dass Sie zumindest den Küchenboden verlegen können, damit die Möbelfirma die Küche zur geplanten Zeit aufbauen kann. Was halten Sie davon?"

Herr Linde nickt. Dann setzen sich die beiden zusammen. Herr Holzer telefoniert mit dem Lieferanten, Herr Linde mit seinen Handwerkern, und so finden sie gemeinsam eine Lösung.

„Wie Sie bin auch ich jetzt richtig erleichtert", *sagt Herr Holzer.* „Das hat mich ganz schön beschäftigt. Ich bin froh, dass wir einen Weg gefunden haben."

„Wem sagen Sie das! Denn das ist ja nicht meine einzige Baustelle, die ich habe."
„Sagen Sie bloß, Sie haben noch ein zweites Projekt, das Sie zur gleichen Zeit stemmen müssen!"
„So ist es." Und dann erzählt Herr Linde ihm, dass er demnächst auch sein neues Büro mit ein paar Hundert Quadratmetern einrichten möchte.
„Wenn das jetzt alles klappt, was wir vereinbart haben, und nichts mehr schiefgeht, dann können Sie mit einem weiteren Auftrag rechnen. Denn im Büro hätte ich auch gern einen Holzboden."

4.8.1 Beschwerden – Chancen auf wunderbare Kundenbeziehungen

Die beiden Begriffe Beschwerde und Reklamation werden gerne synonym verwendet, obwohl es einen klaren Unterschied gibt. Eine Reklamation bezieht sich sachlich auf das Produkt und der Kunde hat von Gesetz wegen einen Rechtsanspruch darauf, dass das Problem gelöst wird. Als Beschwerde bezeichnet man ganz generell, wenn ein Kunde seinen Unmut äußert, verbunden mit einer Forderung, die meist auch noch sehr emotional abläuft.

Ein Beispiel: Sie haben ein neues Notebook gekauft, und in den drei Wochen, die Sie es nun benutzen, führt es andauernd im Hintergrund Updates durch, die zu Verzögerungen führen und Sie bei der Handhabung stören. Das verunsichert Sie. Sie schnappen sich Ihr Notebook und gehen zum Händler. „Mich nerven diese ständigen Updates, die ohne mein Einverständnis einfach gestartet werden. Ich kenne mich nicht aus, sind die wirklich notwendig? Bitte helfen Sie mir", sagen Sie zum Verkäufer. „Klar", sagt der, „schauen wir uns das doch gemeinsam an." Das ist eine Reklamation, bei der es weitgehend rational und sachlich zugeht.

Eine Beschwerde hört sich hingegen anders an: „Sie haben mir dieses blöde Notebook verkauft und das funktioniert hinten und vorne nicht! Eine Frechheit, was Sie mir da für einen Blödsinn aufgeschwatzt haben! Ich will mein Geld zurück, keine Gutschrift, weil bei euch kaufe ich bestimmt nichts mehr!" In dem Fall sind Sie emotional aufgewühlt.

4.8 Unzufriedene Kunden sind die Pest

Eine Beschwerde ist immer von Emotionen gelenkt. Ihr Verkäufer wird sich ordentlich ins Zeug legen müssen, um Sie zu überzeugen, dass Sie weiterhin bei ihm kaufen sollen.

Unzufrieden ist der Kunde in beiden Fällen. Trotzdem ist der Unterschied zwischen sachlicher Reklamation und emotionaler Beschwerde von Bedeutung. Denn Letztere tritt meistens dann auf, wenn vorher die Beziehung zwischen Verkäufer und Kunde nicht gut war. Der Kunde wurde beim Kauf nicht gut betreut, und nun, da sich das Gerät als Reinfall entpuppt, fühlt er sich über den Tisch gezogen. Der Verkäufer hat es einfach verabsäumt, dem Kunden zu zeigen, dass er ihm etwas Gutes tun wollte, und nun hat der Kunde den Beweis, dass er reingelegt wurde und ist wütend.

Wenn Sie sich in die Lage des Kunden versetzen, werden Sie das nachvollziehen können. Wenn Sie schon beim Kauf mit dem Verkäufer unzufrieden waren, werden Sie sich nicht groß mit ihm auf vernünftiger, sachlicher Ebene unterhalten wollen. Sie haben vermutlich gar nicht das Vertrauen, dass er Ihr Problem lösen kann. Eine gute Kundenbeziehung schon beim Kauf aufzubauen ist also die beste Prävention gegen anstrengende Beschwerden.

Im Umkehrschluss heißt das aber: Wenn ein Kunde zu Ihnen kommt und Ihnen sein Problem erklärt, dann ist das alleine schon ein großer Vertrauensbeweis! Wenn er mit Ihnen das Gespräch sucht, auch wenn er emotional geladen ist, haben Sie schon Punkte gesammelt. Denn ganz offenbar traut er Ihnen zu, dass Sie ihm bei seinem Problem helfen können. Freuen Sie sich darüber, anstatt zu jammern, dass Beschwerden so anstrengend sind. Ja, sie sind herausfordernd. Doch es ist die Mühe wert. Ein unzufriedener Kunde, der nach dem Gespräch zufrieden mit einer guten Lösung wieder geht, ist ein treuer Kunde. Er wird nicht nur wiederkommen, sondern auch noch seinem Umfeld erzählen, dass man bei Ihnen in guten Händen ist.

> **Festgehalten**
> Wenn ein Kunde zu Ihnen kommt und Ihnen sein Problem erklärt, ist das ein Vertrauensbeweis.

Es ist also – wieder einmal mehr – eine Haltungsfrage, ob Sie eine Beschwerde gut oder böse finden. Eigentlich müssten Sie dem Kunden sagen: Danke, dass Sie sich beschweren. Und zwar ohne dabei süffisant zu grinsen. Tatsächlich würden wir es Ihnen zumindest gleich zu Beginn des Gesprächs nicht empfehlen zu sagen, das könnte Ihr Kunde – geladen, wie er ist – in die falsche Kehle bekommen. Ob Sie sich tatsächlich wörtlich bedanken oder nicht, ist eine Frage Ihres persönlichen Stils. Sie können ihm auch zwischen den Zeilen zu verstehen geben: Danke, dass Sie mir die Chance geben, die Sache mit Ihnen gemeinsam aufzulösen. Wie das geht? Lesen Sie weiter!

4.8.2 Mit unzufriedenen Kunden richtig umgehen

Herr Holzer aus unserer Geschichte hat es schon in den Eingeweiden gespürt, dass es Zoff geben würde, und so kam es auch. Als sein Kunde Linde wie ein Hagelsturm auf ihn zubraust, rutscht ihm kurz das Herz in die Hose. Doch dann macht er seine Sache gut. Im Grunde brauchen Sie für einen guten Umgang mit unzufriedenen Kunden nichts anderes als das, was wir nicht oft genug sagen können: Interesse am Menschen und die Bereitschaft, sie auf dem Weg zu ihrer Wunscherfüllung zu begleiten.

Wenn Ihr Kunde verärgert zu Ihnen kommt, ist er geladen – im psychologischen Jargon sagt man, er ist im „psychologischen Nebel". So lange er von seinen Emotionen beherrscht wird, ist er für einen sachlichen Austausch, für rationale Argumente in keiner Weise ansprechbar, im Gegenteil. Damit würden Sie ihn eher noch mehr in Rage bringen. Im psychologischen Nebel ist der präfontale Cortex, also das Areal im Stirnbereich unseres Gehirns, das für logisches Denken zuständig ist, gerade funktionsunfähig. Stattdessen arbeitet das limbische System, in dem unsere Emotionen gesteuert werden, gemeinsam mit dem Reptiliengehirn auf Hochtouren. Es wird deshalb Reptiliengehirn genannt, weil wir es uns nach wie vor mit Krokodilen teilen. Es ist der älteste Teil unseres Hirns und heute noch immer auf unsere archaischen Instinkte reduziert: Angriff, Totstellen oder Flucht. Flucht würde im

4.8 Unzufriedene Kunden sind die Pest

Falle einer Beschwerde bedeuten, dass der Kunde gar nicht zu Ihnen kommt, sondern seinen Ärger anderen erzählt, vermutlich gleich mehreren. Das ist schlecht für Ihre Reputation. Außerdem wird er künftig bei einem Mitbewerber kaufen und Sie haben einen Kunden verloren.

Wie schon gesagt, sind wird in einer Beschwerdesituation dankbar für die Chance, dass wir auf den Angriff des Kunden reagieren können. Ihr Kunde wird also mehr oder weniger wirr erzählen, und Sie sind gut beraten, auf der einen Seite zuzuhören und auf der anderen Seite zu signalisieren, dass Sie ihn verstehen wollen. Sie stellen Fragen: Was ist genau passiert? In welcher Anwendung sind Sie, wenn der Computer hängen bleibt? Wo ist die Stelle, an der das Möbelstück zerkratzt ist? Oder im Fall des Parkettboden-Lieferproblems: Welche Handwerksarbeiten haben Sie unmittelbar nach der Bodenverlegung geplant? Verstehe ich das richtig, dass es Ihnen unangenehm ist, Ihrerseits um Terminverschiebung zu bitten, weil unser Lieferant einen Engpass hat? Stellen Sie Ihre Verständnisfragen in möglichst kurzen Zeitintervallen, sodass Ihr Kunde schnell weiß, dass sich da jemand für sein Anliegen wirklich interessiert. Zeigen Sie auch Verständnis für die Situation des Kunden, indem Sie zum Beispiel sagen: „Ich kann Sie verstehen. Wäre mir das passiert, würde ich mich auch ärgern." Wichtig ist dabei allerdings, dass Sie zum Ausdruck bringen, für den Ärger Verständnis zu haben, aber nicht für die Sache an sich, das würde dann einem Schuldeingeständnis gleichkommen.

Für den Ablauf und die Abwicklung einer Beschwerde verwenden wir gerne die Metapher des Segelschiffs auf hoher See (s. Abb. 4.8). Solange die emotionalen Wogen hoch schlagen, lassen Sie das Segel eingeholt,

Abb. 4.8 Die Wellen der Emotionen in der Beschwerdebehandlung. (Eigene Darstellung)

sprich: Lassen Sie Lösungsvorschläge und sachliche Argumente so lange beiseite. In dieser ersten Phase haben Sie nichts weiter zu tun als zuzuhören, nachzufragen und Verständnis zu zeigen.

Da nützt es nichts zu sagen: Da ist Ihnen aber ein Missgeschick passiert. Selbst wenn das stimmen sollte – in der emotional geladenen Stimmung ist Kritik in keiner Weise hilfreich. Hüten Sie sich vor Schuldzuweisungen generell, indem Sie zum Beispiel Fragen stellen wie: Warum in aller Welt haben Sie das gemacht? Was, Sie haben beim Fixieren der Holzpaneele einen großen Hammer benutzt? Da ist es ja kein Wunder, dass die Kanten jetzt Dellen haben. Das ist die falsche Art von Verständnisfragen. Auch Aussagen wie „Also mir ist das noch nie passiert!" sind nicht hilfreich. Oder: „Die Kaffeemaschine ist normalerweise qualitativ sehr gut." Mag ja sein, dass das Modell eins A ist – aber das Exemplar des Kunden eben gerade nicht! Es hilft ganz und gar nicht weiter, in so einer Situation auf den Qualitätsstandard hinzuweisen. Ganz generell versuchen Sie nicht, herauszufinden, WER schuld ist. Analysieren Sie das Problem und fokussieren Sie sich auf das Finden einer Lösung.

> **Festgehalten**
>
> Solang die emotionalen Wogen hoch schlagen, lassen Sie das Segel eingeholt, sprich: Lassen Sie Lösungsvorschläge und sachliche Argumente so lange beiseite.

Das machen Sie so lange, bis Sie merken, dass die Wellen flacher werden, der Kunde sich also langsam beruhigt. Die Phase mag Ihnen lange vorkommen, doch tatsächlich dauert sie vielleicht zwei, maximal vier Minuten. Länger halten Menschen solche Wutstürme nicht durch. Dass der Kunde ruhiger wird, merken Sie daran, dass seine Stimme leiser wird, an der Normalisierung seiner Gesichtsfarbe und dass seine Körperspannung nachlässt. Es entstehen kurze Pausen, der Redefluss gerät ins Stocken.

Vielleicht hilft Ihnen auch eine andere Metapher: Sie öffnen für den Kunden die Tür zu einem Raum, in den er all seine negative Energie abladen kann. Lassen Sie diese Tür lange genug offen – hören Sie also verständnisvoll und geduldig zu. Erst wenn Sie das Gefühl haben, dass er alles Negative losgeworden ist, schließen Sie die Tür, sodass dieses Negative nicht länger die Atmosphäre beeinflusst. Auf diese Weise schaffen Sie ein Gesprächsklima, in dem Sie mit positiver Energie an einer Lösung arbeiten können.

Mit dem Schließen der Tür schlagen die Wellen der Emotionen nicht mehr hoch und Sie können versuchen, in die nächste Phase einzusteigen und das Segel zu hissen. Nun geht es mehr um das Sachliche. Fassen Sie zum Beispiel kurz zusammen: „Wenn ich Sie richtig verstanden habe, brauchen Sie den Parkettboden zumindest in der Küche ganz dringend, weil Sie dem Möbelhaus im Wort sind. Dann schauen wir doch, was wir tun können." Wenn er Ihnen mit einer erneuten Woge an Emotionen antwortet, dann war er noch nicht so weit und Sie müssen ihm noch etwas Zeit geben. Hat er sich tatsächlich beruhigt, können Sie nun tatsächlich an einer Lösung arbeiten, wie das Herr Holzer und Herr Linde gemeinsam taten.

In dieser Lösungsphase können Sie gerne einen Vorschlag unterbreiten. Falls Ihnen spontan keinen parat haben, fragen Sie Ihren Kunden. „Was kann aus Ihrer Sicht nun ein guter Weg sein, um mit der Situation umzugehen?" oder „Was können wir beide dafür tun, dass das nicht noch einmal passiert?". So geben Sie auch das Ruder wieder ein Stück an den Kunden ab und die Suche nach dem idealen Ausweg wird zu einer gemeinsamen Suche.

> **Festgehalten**
> Erst wenn die Emotionen abgeflacht sind, können Sie Sachliches ansprechen und an einer Lösung arbeiten.

Natürlich gibt es Kunden, die aus dieser Situation Kapital schlagen wollen und sich in der vermeintlich stärkeren Position wähnen. Für unmögliche Forderungen von Kunden haben wir einen Ausweg, den wir die „hypothetische Akzeptanz" nennen. Reagieren Sie auf eine nicht umsetzbare Forderung des Kunden mit der Antwort: „Also gut, wir

könnten das so machen. Was würde das dann aus Ihrer Sicht für unser Geschäft bedeuten?" Fahren Sie fort, indem Sie die Konsequenzen aus dieser hypothetischen Zustimmung dem Kunden erklären um damit versuchen, Verständnis für die Unmöglichkeit Ihrer Zustimmung aufzubauen. Erst anschließend machen Sie einen Gegenvorschlag.

Arbeiten Sie gemeinsam solange an einer Lösung, bis der Kunden Ihre Frage „Haben wir nun eine Lösung gefunden, die Sie wieder zufrieden stimmt?" mit Ja beantwortet. Bleiben Sie dran, diese Phase erfordert manchmal ein wenig Ausdauer und Fingerspitzengefühl. Doch wenn Sie es geschafft haben, dieses Ja zu bekommen, werden Sie spüren wie gut sich Erfolg anfühlt.

Diesem Erfolg sind Sie auf jeden Fall dann auf der Spur, wenn Sie die folgenden Dos and Don'ts beherzigen (s. auch Abb. 4.9):

- Bieten Sie keine Lösung an, bevor der Kunde bereit dazu ist. Gerade Männer sind besonders geneigt, gleich eine Antwort zu geben. Vielleicht kennen Sie das in Ihrer Partnerschaft: Die Frau möchte etwas loswerden und erzählt. Sie wünscht sich, dass ihr Mann einfach nur zuhört, weil das Erzählen allein sie schon entlastet. Stattdessen hat er sofort einen Vorschlag parat. Männer haben es noch schlechter als Frauen gelernt, einfach nur zuzuhören. Doch das ist der wohl wichtigste Punkt, um aus einem sich beschwerenden Kunden einen Stammkunden zu machen.
- Suchen Sie keine Schuldigen. Es ist sehr beliebt, „die da oben" oder „die Kollegin" oder „unser standardisiertes Liefersystem" für schuldig zu erklären. Man meint, sich so auf die Seite des Kunden zu schlagen. Doch so etwas kommt nicht gut an, Sie machen sich nicht nur bei „der Kollegin" unbeliebt, sondern meistens auch beim Kunden, der durch so eine Aussage nur irritiert wird. Einen Schuldigen festzumachen hilft niemandem weiter. Lassen Sie sich lieber eine gute Lösung für Ihren Kunden einfallen, damit punkten Sie.
- Selbst wenn der Kunde einem Irrtum unterlaufen ist oder er beim Kauf etwas falsch verstanden hat: Werfen Sie ihm das nicht vor, bleiben Sie diplomatisch. Doch klären Sie die Sache auf. Wenn die Lieferung im Preis nicht inkludiert ist, dann ist das nun einmal so.

das hilft immer:

- aktiv zuhören
- ausreden lassen
- verstehen wollen / viel hinterfragen
- mitschreiben
- Interesse zeigen
- Mut zur Pause
- Verständnis zeigen für den Ärger
  (nicht für die Sache)
- angenehmes Umfeld schaffen

weniger hilfreich:

- persönlich nehmen
- nicht ernst nehmen
- rechtfertigen und verteidigen
- gegenargumentieren
- Schuldigen suchen (verändert nichts)
- zu rasch in der Lösungssuche
- sofort handeln versuchen
- Verantwortung verschieben
  "Da kann ich nichts machen."
- Versprechungen machen, die ich
  nicht halten kann

Abb. 4.9 Dos and Don'ts bei der Beschwerdebehandlung. (Eigene Darstellung)

- Rechtfertigen oder verteidigen Sie sich nicht, das bringt Sie selbst nur in eine noch unangenehmere Situation und dient sicher nicht der Lösungsfindung. Klären Sie die Ursache so neutral wie möglich und versuchen Sie zukunftsorientiert zu denken: Was muss passieren, damit das nicht mehr passiert?
- Nehmen Sie jede Beschwerde ernst. Es liegt immer im Auge des Betrachters, ob die Sache den Ärger wert ist oder nicht. Was für Sie eine Lappalie ist, kann für den Kunden ein Vertrauensbruch sein.

4.8.3 Sorgen Sie vor, indem Sie Ihre Kundenbeziehungen entwickeln

Mit wie vielen Kundenbeschwerden Sie konfrontiert werden und wie unangenehm sie ausfallen, das haben Sie zu einem guten Teil selbst in der Hand. Denn je geringer der persönliche Draht zueinander ist, desto häufiger und unangenehmer werden Sie mit Beschwerden zu tun haben. Aus Abschn. 4.5 kennen Sie bereits das Kontakt-Modell, mit dessen Hilfe wir Ihnen gezeigt haben, wie wichtig und hilfreich es ist, aus Laufkunden nachhaltige Kundenbeziehungen und sogar Kundenbindung zu erreichen. Kontinuierliche Beziehungspflege ist dafür nötig.

Die Ebene Ihrer Kundenbeziehung hat auch auf die Qualität und Art von Beschwerden enormen Einfluss. Der Zusammenhang ist in Abb. 4.10 dargestellt. Stellen Sie sich vor, Sie treffen sich mit einem sehr guten Freund. Er verspätet sich, ohne Ihnen rechtzeitig Bescheid zu geben. Und so warten Sie an einem kalten Wintertag frierend, aber geduldig geschlagene 20 min. Sie werden sich dennoch freuen, wenn Ihr Freund endlich ankommt, und mit ihm auf ein Bier gehen. Eine Verspätung ist noch lange kein Grund, ihm die Freundschaft aufzukündigen. Wenn Sie jedoch dieselben 20 min bibbernd auf einen Immobilienmakler warten, den Sie bloß von einem kurzen Telefonat her kennen, dann muss die Wohnung schon ein außerordentliches Schnäppchen sein, um dem Makler seine Verspätung zu verzeihen und dennoch das Geschäft mit ihm zu machen.

Nicht anders ist es bei Beschwerden. Ein Kunde, der Ihnen vertraut und mit dem Sie eine partnerschaftliche Kundenbeziehung aufgebaut haben, wird Ihnen gerne so manches verzeihen. Wenn etwas schiefgegangen ist, wird er eher um eine Korrektur bitten, als dass er

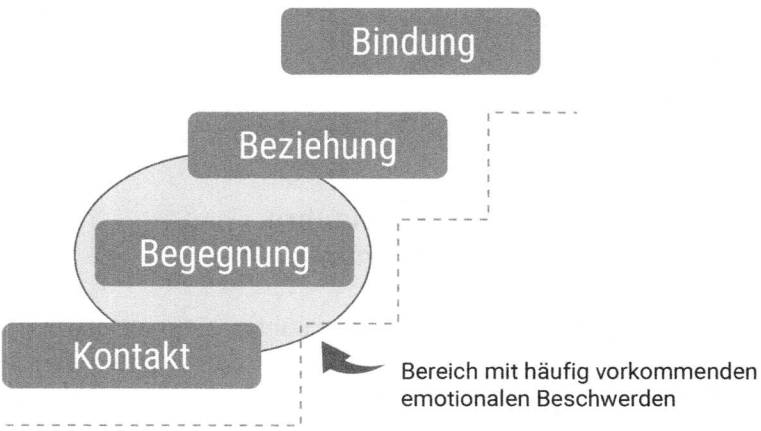

Abb. 4.10 Zusammenhang Kundenbeziehung und Beschwerdehäufigkeit. (Eigene Darstellung)

Sie emotional attackiert. Ein Kunde hingegen, der sich schon im Verkaufsgespräch nicht richtig wohlgefühlt hat und beim Verlassen des Geschäfts unsicher war, ob er die richtige Entscheidung getroffen hat, wird sich vermutlich in seinem skeptischen Gefühl bestätigt fühlen, wenn er Grund zur Beschwerde hat. Dementsprechend erbost wird er sein und Sie werden alle Hände voll zu tun haben, um ihn als Kunde nicht zu verlieren.

> **Nehmen Sie Haltung an**
> - Wenn Kunden mit Beschwerden kommen, ist das ein Vertrauensbeweis. Nutzen Sie die Gelegenheit, um die Beziehung zu ihm weiterzuentwickeln.
> - Berücksichtigen Sie die Dynamik eines Beschwerdegesprächs: Zuerst müssen Emotionen genügend Platz haben, erst dann können Sie sich der Lösung zuwenden.
> - Jede Beschwerde ist eine Chance, den Kunden zu einem Stammkunden zu machen.
> - Je besser Ihre Kundenbeziehungen entwickelt sind, desto geringer ist die Beschwerdewahrscheinlichkeit.

4.9 Weiterempfehlung? Wie aufdringlich!

> „Tue Gutes und sprich darüber" ist eine Aufforderung, die viele verwerflich finden. Denn das klingt nach Selbstlob und Anbiederung. Gute Verkäufer sehen das naturgemäß anders. Was nützt es schon, gut zu sein und gute Produkte anzubieten, wenn niemand davon weiß? Sie sprechen daher ganz offen und an passender Stelle über ihren Beruf, auch auf Plattformen und in Netzwerken, wo der Beruf vermeintlich nichts zu suchen hat. Und sie sprechen ihre Kunden zur Weiterempfehlung an. Ganz nach dem Motto: Das Beste, was passieren kann ist, einen Kunden zu bekommen den ich sonst nicht kennengelernt hätte. Das Schlimmste, was passieren kann ist, das nichts passiert!

Es ist Montagmorgen und Jürgen schlurft ganz verschlafen ins Badezimmer. Ein klitzekleiner Blick in den Spiegel verrät ihm: Es ist gestern wieder einmal viel zu spät geworden! Unwillig putzt er sich die Zähne und wäscht sich. Dann riskiert er einen weiteren Blick in den Spiegel: Augenlider auf Halbmast, blasse Wangen, struppige Haare. Er dreht den Wasserhahn auf kalt und rubbelt sein Gesicht so lange, bis es rosig ist. Jetzt ist er munter! Die Haare sehen grässlich aus. Auch als er mit dem Kamm ans Werk geht, wird die Sache nicht besser. Seit Jürgen sich wegen seines Verkaufsjobs von seinen langen Haaren getrennt hat, ist er unglücklich darüber. Seine Mutter war so nett, sie ihm abzuschneiden, und seitdem ist sie quasi seine Privatfriseurin. Doch irgendwie sieht das gar nicht gut aus. Nur hat er keinen blassen Tau, welche Frisur besser passen könnte. Genau genommen hat er überhaupt keine Ahnung von Frisuren.

Susanne. Das ist die Lösung, denkt sich Jürgen, und schon lächelt ihm das Spiegelbild freudig entgegen. Es ist höchste Zeit, ihre Einladung zu einem ordentlichen Haarschnitt in ihrem Salon anzunehmen. Außerdem ist das doch die Lösung für sein Schüchternheits-Problem, denn seit er sie letzten Freitagabend in seiner Stammkneipe getroffen hat, grübelt er unablässig, wie er ein weiteres Treffen möglichst elegant in die Wege leiten soll.

Einen Tag später spaziert Jürgen in den Friseursalon, über dessen Eingang der Schriftzug „Haargenau" angebracht ist. Witziges Wortspiel, denkt Jürgen, und als Susanne ihm lächelnd die Hand entgegenstreckt, hüpft sein Herz. Hier ist er nicht nur frisurentechnisch haargenau richtig. Die ist schon ziemlich süß, die Susanne! Freundlich nickt er auch einer älteren Dame zu, die hinter dem Tresen steht und Listen durcharbeitet. Wahrscheinlich die Chefin, denkt er.

Susanne stellt ihm zunächst ein paar Fragen über seine Wünsche und Jürgen erzählt von seinem Abschiedsschmerz von den langen Haaren, dass er sie einerseits wegen seines Jobs nicht mehr wachsen lassen möchte, andererseits aber trotzdem gern etwas Lässiges hätte. Seit er 15 ist, trägt er die Haare lang, und diese Mama-Frisur, die geht ja nun gar nicht. Susanne ist ganz seiner Meinung. Sie zeigt ihm ein paar Frisuren auf einem Tablet, von denen sie glaubt, dass sie zu ihm passen, und bald hat Jürgen sich entschieden.

Während Susanne an seinen Haaren schnippelt, erkundigt sich Jürgen nach dem Smartphone, das sie bei ihm gekauft hat.

„Ich habe dich letzten Freitag gar nicht gefragt, wie zufrieden du mit deinem neuen Handy bist. Alles okay damit?"

„Ja, ganz super! Alles bestens. Auch meine Freundinnen waren ganz beeindruckt, weil es richtig schön ist und die Fotos so eine tolle Auflösung

haben. So eine gute Qualität haben ihre Handys nicht! Ich hab ihnen auch gleich von dir erzählt und dass sie unbedingt zu dir gehen sollen, wenn sie sich ein neues Smartphone kaufen. Weil du findest ganz bestimmt das Beste für sie."

Und so plaudern sie dahin. Als Susannes Chefin in den hinteren Raum verschwindet, wird Susanne ernst.

„Stell dir vor", sagt sie, „letzte Woche erzählt mir meine Chefin, dass wir viel zu wenige Kunden haben. Mir ist schon aufgefallen, dass wir nicht gerade überlastet sind. Aber jetzt hat sie gesagt, dass es so wenige sind, dass sich der Laden zu zweit nicht rechnet. Sie hat es nicht eindeutig ausgesprochen, aber es liegt doch auf der Hand: Wenn wir nicht mehr Kunden bekommen, werde ich wohl dran glauben müssen."

Jürgen macht ein betroffenes Gesicht und schaut ihr im Spiegel eine Weile schweigend zu, wie sie Haarwachs in seine Haarspitzen einarbeitet, damit sie frech wegstehen. Er ist jetzt schon ganz glücklich mit seiner neuen Frisur. Was für ein wunderbarer Zufall, dass er Susanne kennengelernt hat! Aber dass sie womöglich ihren Job verliert, findet er nicht fair.

„Das kann doch nicht sein, dass so eine Top-Friseurin wie du keine Kunden hast!"

„Wie es aussieht aber schon, sonst wären ja welche da." Susanne hält inne und schaut bekümmert in sein Spiegelbild.

„Bist du eigentlich bei Facebook?"

Susanne zieht eine Augenbraue hoch. „Willst du mich jetzt etwa auf Facebook anbaggern, oder wie?"

„Nun ja, also ... schon auch, gerne", lächelt Jürgen. „Aber ich will eigentlich auf etwas anderes hinaus. Also bist du nun auf Facebook oder nicht?"

„Ja klar bin ich da! Ich hab sogar über 350 Freunde."

„Und wie viele deiner 350 Freunde wissen, dass du als Friseurin arbeitest und dass du sogar eine sehr gute Friseurin bist?"

„Hm. Ich weiß nicht."

„Wäre es nicht eine Idee, einmal etwas darüber zu posten?"

„Aber das ist doch mein privater Account, da kann ich doch niemanden mit meinem Beruf belästigen."

„Aber deinen Freundinnen hast du doch auch erzählt, dass du ein tolles Handy hast. Du hast mich sogar weiterempfohlen. Das war doch auch privat – für dich! Für mich war deine Empfehlung quasi beruflich."
„Stimmt auch wieder. Aber was soll ich da schreiben?"
„Lass uns darüber in Ruhe nachdenken. Weißt du was, ich schicke dir gleich eine Facebook-Freundschaftsanfrage, und wenn ich eine Idee habe, schreibe ich dir. Dann tüfteln wir gemeinsam an einem guten Posting. Was hältst du davon?"

4.9.1 Empfehlen hat nichts mit Anbiedern oder Wichtigmachen zu tun

Es scheint, als hätten viele Menschen es in die Wiege gelegt bekommen: Man darf sich nicht wichtigmachen, sich nicht in den Vordergrund stellen. Das gehört sich nicht. Und so werden Menschen, die genau das tun, gerne als Wichtigtuer abgewertet. Doch ist es denn wirklich so verwerflich zu erzählen, was man beruflich macht? Oder zu fragen, ob der andere nicht vielleicht jemanden kennt, der brauchen kann, was man verkauft?

Wir denken, es liegt wohl daran, dass die meisten dem Unterschied zwischen Anbiedern und Über-sich-Reden nicht ganz auf den Grund gehen und alles in einen Topf werfen. Wer sich anbiedert oder einschleimt, der versucht, sich zwecks eigenen Vorteils bei jemandem einzuschmeicheln. Er übernimmt Meinungen des anderen, auch wenn er anders denkt, nur, um in der Gunst des anderen zu stehen. Das ist nicht authentisch und es ist auch nicht ehrlich, nicht wahr, und demnach auch einem erfolgreichen Verkaufen nicht zuträglich. Auch ein Wichtigmacher kann niemals ein guter Verkäufer sein, weil er sich selbst ins Zentrum stellt und nicht das Interesse des Kunden. Wichtigmacher suchen ständig nach einer Bühne, auf der sie darstellen können, wer sie gerne sein möchten. Sie ziehen eine Show ab, um auf sich aufmerksam zu machen.

Doch das meinen wir auch gar nicht, wenn wir von Weiterempfehlung und Empfehlungsmarketing reden. Das würde schließlich den wichtigsten Grundsätzen widersprechen, die da lauten:

4.9 Weiterempfehlung? Wie aufdringlich!

Hab ein aufrichtiges Interesse an den Menschen und sei authentisch! Wiederum ist es die Haltung, die den Ausschlag dafür gibt, wie Sie auf andere wirken. Es macht einen großen Unterschied, ob Sie sagen „Ich verkaufe Urlaubsreisen, darin bin ich Profi" und sich dabei in Gedanken ausgiebig auf die Schulter klopfen, oder ob Sie sagen „Ich begleite Menschen mit Leidenschaft, einen perfekten Urlaub zu erleben, gerne auch Sie".

Das soll nicht heißen, dass Sie nicht stolz auf sich sein dürfen. Wenn Sie finden, dass Sie einen guten Job machen, dann haben Sie doch alles Recht der Welt, sich über Ihr Talent und Ihre Bereitschaft, sich ordentlich ins Zeug zu legen, ausgiebig zu freuen! Es ist wie überall: Der Ton macht die Musik. Wenn Sie die Haltung eines guten und professionellen Verkäufers, wie sie in diesem Buch beschrieben ist, verinnerlicht haben, dann kann es gar nicht passieren, dass Sie sich im Ton vergreifen. Niemand wird sie als anbiedernden Wichtigtuer abtun, nur weil sie anbieten, behilflich zu sein, oder? Ganz im Gegenteil können Sie davon ausgehen, dass die meisten es gutheißen werden und manche sogar dankbar sind, weil sie nun endlich die Lösung für ihr Anliegen in Aussicht haben.

> **Festgehalten**
> Es ist Ihre innere Haltung, die beeinflusst, ob man Sie als anbiedernd empfindet oder Ihnen dankbar ist für die Information, was Sie verkaufen.

Nehmen wir einmal an, Sie arbeiten in einem kleinen Schuhladen in der Innenstadt. Die Schuhe in Ihrem Sortiment sind feine, italienische Ware oder solide Handarbeit aus Naturstoffen, jedenfalls keine Billigprodukte aus dem Fernen Osten mit schlechtem Leisten und Kunstleder. Es hat einen guten Grund, warum es dieses Geschäft gibt. Gäbe es keine Menschen, die Wert auf gutes Schuhwerk legten, hätte der Laden keine Existenzgrundlage. Doch dem ist nicht so. Menschen sind froh, dass es neben der ganzen Massenfertigung auch Händler gibt, die Qualitätsware anbieten. Würden Sie niemandem davon erzählen, hieße das, dass Sie anderen Menschen eine Information vorenthalten, die ihnen von Nutzen sein kann. Selbst wenn Sie jemanden vor sich haben, der offensichtlich keinen Wert auf gutes Schuhwerk legt, ist es sinnvoll, wenn sie ihm von Ihrem Geschäft erzählen. Denn möglicherweise hat er einen Freund, der ein Schuhfetischist ist, und der ohnehin ständig meckert, dass es viel zu wenige gute Schuhe gibt. Darüber zu reden hat also nichts mit Aufdringlichkeit zu tun. Vielmehr ist es eine Fortsetzung des Grundgedankens des Verkaufens: Tu dem Kunden etwas Gutes. Sprechen Sie darüber, über Ihren Job und über Ihre Produkte!

Ebenso legitim ist es, eine Weiterempfehlung anzusprechen. Darunter verstehen wir, dass Sie einen Kunden nach dem Verkaufsabschluss darauf ansprechen, ob er jemanden kennt, der Ihre Dienste ebenso brauchen kann. Wenn der Kunde Ja sagt, bitten Sie um eine Weiterempfehlung und überreichen ein paar Visitenkarten. Wenn er einen konkreten Namen nennt, bitten Sie ihn um die Kontaktdaten und darum, dass er dieser Person Ihren Anruf ankündigt.

Die Wahrscheinlichkeit ist groß, dass Sie befürchten, in ein falsches Licht zu geraten. Seien Sie getrost: Ihr Kunde wird niemals auf die Idee kommen, Sie wären aufdringlich. Er käme auch nicht auf die Idee, dass Sie womöglich bedürftig sind und Ihre berufliche Zukunft von seiner Gunst abhängt. Sofern Ihr Kunde zufrieden war, wird er stattdessen sofort in seinen Gehirnwindungen kramen und überlegen, ob es eine Kollegin, einen Freund, eine Verwandte gibt, die einmal erwähnt hat, dass sie schon lange auf der Suche ist.

> **Festgehalten**
>
> Nicht nur Sie, auch Ihre Kunden möchten anderen etwas Gutes tun. Sie sind daher gerne bereit, Sie jemand anderem weiterzuempfehlen, der Ihre Kompetenz brauchen kann.

Bei unseren Seminarteilnehmern taucht manchmal die Frage auf: „Was tue ich, wenn der Kunde zynisch antwortet?" In unserer gesamten Verkaufslaufbahn ist so etwas nur ein paar Mal passiert. Auf die Frage nach einer Weiterempfehlung antwortete der Kunde: „Haben Sie es denn notwendig, dass ich Ihnen neue Kunden bringe?" Die richtige Antwort war zum Glück gleich parat: „Aber selbstverständlich! Es ist meine Aufgabe, viele Menschen dabei zu unterstützen, die richtigen Kaufentscheidungen zu treffen. Das mache ich wirklich sehr gerne. Und dafür freue ich mich über jeden neuen Kunden. Deshalb frage ich Sie nach Weiterempfehlungen." Daraufhin schmunzelte der Kunde und bedankte sich für diese Ehrlichkeit. Es ist eben immer eine Frage der eigenen Haltung!

Die Haltung, die Ihnen am besten weiterhilft, ist: Ich stehe dazu, dass ich etwas Sinnvolles leiste. Das Schlimmste, das passieren kann, ist, dass der Kunde mich niemandem weiterempfiehlt. Das Normale, das passieren wird, ist, dass er sich freut, es mit einem selbstbewussten Menschen zu tun zu haben, der auf diese Weise auch wiederum ein Stück Sicherheit verbreitet. So können Sie auch problemlos jene ganz seltenen Fälle aushalten, bei denen der Kunde ganz offen Nein sagt, wie es vor einigen Jahren einmal passierte: „Herr Krickl", sagte der Kunde, „ich bin ehrlich: Ich werde das sicher nicht tun." Selbstverständlich fragt man sich da, ob man etwas falsch gemacht hat, ob der Kunde unzufrieden war oder ob das Gespräch für ihn schon zu lange gedauert hat. Das Beste in solchen Fällen ist, konkret nachzufragen: „Danke für Ihre Offenheit. Damit ich es verstehen kann: Sagen Sie mir bitte, weshalb nicht?" Die Antwort war nachvollziehbar. Der Kunde erzählte, dass er einmal einem Freund einen Handwerker empfahl, der ihm beim Hausbau helfen sollte. Während der Bauarbeiten musste der Handwerker Konkurs anmelden. Der Freund blieb zurück mit einer halb fertigen Baustelle und einem Loch in seinem Budget, weil er die Anzahlung nicht mehr zurückbekam. „Seither habe ich mir geschworen, für niemanden mehr ein gutes Wort einzulegen", sagte der Kunde. Die Kundenbeziehung vertiefte sich trotzdem – und vermutlich hat dieses Gespräch sogar aktiv dazu beigetragen, weil es so sehr von Offenheit und Ehrlichkeit zeugte. Sie sehen: Sie können nur gewinnen!

Festgehalten

Stehen Sie dazu: Sie leisten Sinnvolles und Sie verkaufen Brauchbares. Kein Grund also, das zu verheimlichen!

Im Übrigen: Glauben Sie nur ja nicht, dass man auch ohne Ihr Zutun nicht über Sie spricht. Das tut man auch, wenn Sie Mist gebaut haben und man mit Ihrer Leistung unzufrieden war oder sich ärgern musste. Doch Menschen sprechen nicht nur über ihre Unzufriedenheit, sondern auch gerne über positive Erlebnisse, neue Errungenschaften, darüber, dass sie sich endlich einen Wunsch erfüllt haben. Susanne, unsere Friseurin, war so begeistert von ihrem neuen Handy, dass sie selbstverständlich mit ihren Freundinnen darüber gesprochen hat. Eine der Freundinnen hat vielleicht gefragt, wo sie es gekauft hat, und schon hat Susanne von diesem kompetenten Verkäufer erzählt. Sie hat eine Empfehlung ausgesprochen, ohne dass Jürgen sie darum gebeten hätte. Sie sehen: Das machen Kunden durchaus freiwillig – warum sie nicht einfach darauf ansprechen!

4.9.2 Der Dreischritt: Feedback – Feedback – Empfehlung

Als Verkaufsprofi können Sie diesen Vorgang des Weiterempfehlens aktiv anregen. Sie überlassen es nicht dem Zufall, dass über Ihre Leistung und Ihr Produkt gesprochen wird, sondern Sie fordern Ihren Kunden freundlich auf: Rede über mich! Susanne kann, wenn sie einer Kundin die Haare geschnitten hat, sagen: „Es freut mich, dass Sie zufrieden sind mit der neuen Frisur. Erzählen Sie es in Ihrem Bekanntenkreis weiter, vielen Dank." Herr Holzer, unser Parkettbodenverkäufer, könnte nach Abschluss des Geschäftes sagen: „Gibt es in Ihrem Umfeld jemanden, der Haus baut oder seine Wohnung renoviert und der meine Beratung braucht? Ich freue mich darüber, wenn Sie mich weiterempfehlen."

Ein einfacher Dreischritt soll Sie beim Versuch unterstützen:

1. **Dem Kunden Feedback geben:** „Ich freue mich sehr, dass wir gemeinsam dieses tolle Rad für Sie gefunden haben. Da haben Sie wirklich eine gute Entscheidung getroffen. Sie werden Ihre Freude daran haben, wenn Sie das erste Mal ausfahren."
2. **Feedback einholen:** „Sagen Sie, wie war das Gespräch für Sie?" Der Kunde antwortet, dass er es klasse fand, dass er jetzt ein gutes Gefühl

hat, das richtige Rad zu haben etc. „Ich werde bei meiner ersten Ausfahrt an Sie denken", sagt er vielleicht sogar.
3. **Empfehlung ansprechen:** „Vielen Dank, das freut mich. Eine letzte Frage noch: Haben Sie Freunde oder Bekannte, die mit Ihnen Rad fahren oder von denen Sie wissen, dass sie ein Rad brauchen könnten?" Machen Sie eine kurze Pause. Wenn der Kunde nichts sagt oder verneint, sprechen Sie weiter: „Wenn es soweit ist und Sie sprechen mit jemanden über ein neues Rad, empfehlen Sie mich gerne ihren Bekannten weiter. Vielen Dank!"

Der Dreischritt funktioniert deshalb so gut, weil der Kunde nach dem Feedback, das er Ihnen gibt, positiv gestimmt ist. Wenn er gerade glücklich ist, was soll er da schon Negatives auf Ihre Aussage antworten! „Nein, ich möchte nicht, dass meine Freunde auch ein gutes Rad bekommen" vielleicht oder „Nein, ich will nicht, dass andere glücklich sind"? Das wird wohl nicht passieren.

> **Festgehalten**
>
> Mit dem Dreischritt „Feedback geben – Feedback nehmen – Empfehlung ansprechen" ist es ganz leicht, den Kunden um eine Empfehlung zu fragen.

Damit es Ihnen gut und überzeugend gelingt, nach einer Weiterempfehlung zu fragen, hier ein paar Anregungen:

- **Die Formulierung muss nach Ihnen klingen.** Finden Sie nach den Worten, die zu Ihnen passen, die Ihnen leicht über die Lippen kommen. Das Wort „empfehlen" muss dabei nicht unbedingt vorkommen. „Erzählen Sie es weiter" oder „Schicken Sie Freunde und Bekannte zu mir" drücken genau das aus, worum es geht.
- **Vermeiden Sie Konjunktive und andere Weichmacher.** „Es wäre nett, wenn Sie mich eventuell weiterempfehlen würden" klingt schwach und wenig überzeugt davon, dass Sie das wirklich wollen. Sie konnten in Abschn. 4.6.3 schon darüber lesen, wie unklar Sprache werden kann, wenn Sie Wörter wie „wäre", „könnte",

„würde", „vielleicht" oder „eventuell" verwenden. Sie machen Ihre Kommunikation schwach und unglaubwürdig.
- **Formulieren Sie Ihre Aussage nicht als Bitte.** Als begeisterter und erfolgreicher Verkäufer sind Sie selbstbewusst und wissen, dass Sie Ihren Job gut machen. Das soll Ihr Gegenüber auch spüren! Auch wenn „bitte" und „danke" ein Akt der Höflichkeit sind – in diesem Fall schwächt es die Wirkung Ihrer Aussage. „Ich freue mich, wenn Sie mich weiterempfehlen" bringt klar auf den Punkt, worum es Ihnen geht. Sie schaffen ein Gefühl der Verbindlichkeit beim Kunden und sind dennoch weit von Unhöflichkeiten entfernt!

Es erfordert zu Beginn ein wenig Mut und Überwindung, das ist schon klar. Mut ist der Schlüssel, um zu einer Weiterempfehlung zu kommen. Doch mit der Übung wird es Ihnen immer leichter fallen. Seien Sie sicher: Es kann nichts dabei schiefgehen! Das Schlimmste, was passiert, ist, dass der Kunde Sie nicht weiterempfiehlt, weil er niemanden kennt oder darauf vergisst. Versuchen Sie es zunächst mit einer Light-Variante, bevor Sie den Dreischritt versuchen, und hanteln Sie sich dann vorwärts, indem Sie immer mutiger werden. Nach einer ausreichenden Anzahl von Versuchen werden Sie sich so sehr daran gewöhnt haben – und auch die zu Ihnen passenden Worte gefunden haben –, dass Ihnen die Weiterempfehlung gar nicht mehr schwerfällt. Wie viele Versuche sind ausreichend, werden Sie vielleicht fragen. Nun, wenn Sie bloß fünf Mal in einem Jahr nach einer Weiterempfehlung fragen, werden Sie erstens nicht in Übung kommen und zweitens vermutlich keinen einzigen Neukunden gewinnen – und somit kein Erfolgserlebnis für Ihre Anstrengung verbuchen können. Sprechen Sie allerdings fünf Mal in einer Woche über Empfehlungen, dann steigt die Wahrscheinlichkeit um ein Vielfaches, dass neue Kunden zu Ihnen finden. Das „Gesetz der großen Zahl" ist einleuchtend: Je mehr Menschen von Ihnen erfahren, desto mehr werden zu Ihnen kommen. Wenn wir von einer Erfolgswahrscheinlichkeit von zehn Prozent ausgehen (was realistisch ist), dann gilt: Zehn Prozent von fünf Weiterempfehlungen im Jahr sind 0,5 neue Kunden – also nicht einmal einer. Zehn Prozent von 40 Kunden sind vier. Überzeugt?

Einen Tipp möchten wir Ihnen noch auf den Weg geben, den uns unsere Erfahrung gezeigt hat: Fragen Sie nur solche Menschen nach einer Weiterempfehlung, die Sie mögen. Denn nach dem Motto „Gleich und gleich gesellt sich gern" können Sie davon ausgehen, dass jemand, den Sie als anstrengend empfunden haben, auch in seinem Freundeskreis anstrengende Menschen hat. Von denen möchten Sie bestimmt nicht noch mehr. Ein preissensibler Kunde beschert Ihnen vermutlich andere preissensible Kunden. Jemand, der Ihnen sympathisch ist, hingegen wird Ihnen mit großer Wahrscheinlichkeit andere Kunden bringen, die ebenfalls sympathisch auf Sie wirken.

4.9.3 Nutzen Sie alle Möglichkeiten, sich bekannt zu machen

Nicht nur Kunden, die bei Ihnen gekauft haben, können Sie um eine Empfehlung bitten. Es gibt noch viel mehr Möglichkeiten. Überlegen Sie einmal: Wenn Sie am Morgen zur Arbeit fahren, wen treffen Sie da? Die Verkäuferin in Ihrer Lieblingsbäckerei, wo Sie oft Ihr Frühstück kaufen. Die Verkäuferin am Zeitungskiosk. Was spricht dagegen, dass Sie der Bäckereifachverkäuferin und der Zeitungsverkäuferin eines Morgens sagen: „Übrigens, wissen Sie, dass ich schräg gegenüber im Reisebüro arbeite? Wenn Sie oder Freunde von Ihnen an Urlaub denken, stehe ich Ihnen gern zur Verfügung. Ich lasse Ihnen ein paar Visitenkarten von mir da. Ich freue mich, wenn Sie an mich denken. Danke!"

Dasselbe gilt für den Friseur, der Ihnen regelmäßig Schwung in die Haare bringt, den Betreuer in der Autowerkstatt, dem Sie Ihr Auto zum Service bringen, dem Masseur, der bei Bedarf Ihrem Rücken Gutes tut, oder Ihre Tante, die Sie äußerst selten bei Familienfeiern treffen. Wenn Sie ein wenig nachdenken, werden Ihnen bestimmt viele Menschen einfallen, die vermutlich nicht wissen, was Sie zu bieten haben. Also nur zu, jetzt wissen Sie, was Sie in nächster Zeit zu tun haben, oder?

Nutzen Sie auch die Möglichkeiten, die uns die modernen Kommunikationsmedien bieten, egal ob auf Facebook, LinkedIn, XING & Co. Lassen Sie Ihre Kontakte wissen, wo Sie beruflich zu finden sind, wenn man Sie braucht. Seien Sie frech und kreativ: Hier ein cooles Snapchat-Video im Büro, da ein kurzes Video per WhatsApp oder ein Foto mit einer unterhaltsamen Mini-Geschichte aus Ihrem Berufsalltag auf Instagram. Empfehlungsmarketing lebt von Kreativität und von Regelmäßigkeit. Bleiben Sie dran, dann garantieren wir Ihnen viele neue Kunden und gute Geschäfte.

> **Festgehalten**
> Es gibt so viele Menschen, die Ihre Produkte oder Dienstleistungen brauchen können – genug Grund, um möglichst vielen in Ihrem Umfeld von sich zu erzählen.

Selbstverständlich können Sie einwenden, dass Ihre Kunden sich nicht auf Facebook oder nicht auf Xing tummeln. Oder dass Ihnen Videos nicht liegen, weil Sie selbst selten welche anschauen. Welche Form der Kommunikation – ob schriftlich, visuell oder auditiv – Sie wählen, ist eine Frage Ihrer Authentizität. Sie muss zu Ihnen passen. Welchen Kanal Sie wählen, da empfehlen wir Ihnen, einen genauen Blick darauf zu werfen. Mag sein, dass Facebook nicht die Plattform Nummer eins für Ihre Kunden ist. Doch vielleicht ist die Anlageberaterin, die beruflich nur auf Xing verkehrt, mit einem privaten Profil auf Facebook unterwegs und freut sich, wenn sie entdeckt, dass es ganz in der Nähe ihrer Wohnung eine neue Kosmetikerin gibt, die ausschließlich mit tierversuchsfreien Naturprodukten arbeitet.

Nun wissen Sie, warum Jürgen aus unserer Geschichte Susanne vorgeschlagen hat, auf Facebook etwas über ihre Arbeit zu posten. Er hat sich übrigens ganz schön geplagt, bis er die richtigen Worte fand, die er für sie zusammenstellen wollte. Er stellte fest, dass er die Kundinnen und Kunden des Salons „Haargenau" nicht wirklich kannte, und auch der Alltag einer Friseurin war ihm nicht sehr geläufig. Authentisch sollte der Text schließlich auch sein. Nachdem er eine Weile grübelte, hatte er dann eine Idee. Er schrieb Susanne eine Nachricht mit folgendem Inhalt:

Liebe Susanne, ich habe hier eine Idee, wie dein Posting auf Facebook sein könnte. Du gehst auf eine aktuelle Situation ein und weist dann elegant auf deinen Job hin. Bitte schreibe den Text aber so um, dass er gut zu dir passt. Hier ist mein Vorschlag: ‚So ein herrliches Sommerwetter, findet ihr nicht? Nur die Haare leiden und brauchen viel liebevolle Pflege, damit sie von der Sonne nicht stumpf und strohig werden. Als Friseurin habe ich viele Tipps und neue Ideen für euch. Ihr findet mich bei „Haargenau" in der Lindengasse 5. Kommt vorbei, ich freu mich!' Wenn du ein passendes Foto dazu hast, dann stell es dazu. Was hältst du davon? Ruf mich an, wenn du noch Hilfe brauchst! Küsschen, Jürgen

Nehmen Sie Haltung an

- Der Ton macht die Musik – und Ihre innere Haltung entscheidet, ob Sie als hilfreich und informativ oder als anbiedernd gesehen werden. Sie haben es in der Hand!
- Über sich selbst und seine Arbeit zu sprechen mit dem Ziel, jemand anderem etwas Gutes zu tun, ist in keiner Weise egoistisch, sondern immer willkommen.
- Der Dreischritt „Feedback geben – Feedback nehmen – Empfehlung ansprechen" hilft Ihnen, Kunden um eine Empfehlung zu fragen.
- Nutzen Sie alle Kanäle, die Sie zur Verfügung haben, nicht nur den persönlichen Kontakt. Auch soziale Medien sind ein interessantes Feld, um auf sich aufmerksam zu machen.

Literatur

Buczolich C (o. J.) Autokauf: Beratet mich! https://www.oeamtc.at/autotouring/reportage/autokauf-beratet-mich-15542398. Zugegriffen: 3. März 2017

Langer I, Schulz von Thun F, Tausch R (2011) Sich verständlich ausdrücken, 9. Aufl. Reinhardt, München

5
Bringen Sie Bewegung in Ihren Verkauf

> Für begeistertes und erfolgreiches Verkaufen braucht man nicht nur die richtige Haltung, auch wenn das die Grundvoraussetzung ist. Man muss schon auch etwas tun. Leidenschaftliche Verkäuferinnen und Verkäufer aus Überzeugung sind nicht nur ihren Kunden gegenüber offen und neugierig, sondern möchten auch lernen und sich ständig weiterentwickeln. Sie bleiben in Bewegung und wollen andere bewegen. Weil so die Arbeit viel mehr Freude bereitet!

Wenn Jürgen Susanne anblickt, kribbelt es ganz ordentlich in seiner Magengegend. Wie soll er sich da konzentrieren? Sie sitzt ihm gegenüber und tippt eine Nachricht an ihre Chefin in ihr Handy. Er blickt sich um und deutet Tom, dem Barkeeper, dass er noch zwei Melange wünscht.

Drei Wochen und fünf vielversprechende Dates ist es schon her, seit Susanne ihm einen neuen Haarschnitt verpasst hat. Zunächst hat Jürgen ihr geholfen, ihr Facebook-Posting gut zu formulieren. Dann haben sie – im Einverständnis mit Susannes Chefin – eine Facebook-Unternehmensseite für den Friseursalon „Haargenau" eingerichtet, und weil Susanne diese Seite betreuen soll, ist sie Jürgen sehr dankbar für seine Unterstützung. Denn Jürgen, der IT-Freak, ist ein großer Social-Media-Fan und kennt sich im Umgang mit Facebook, Instagram, YouTube & Co gut aus. Nun sitzen sie wieder einmal im „T-Bar", Jürgens Stammlokal, und lassen ihre ersten Erfolge revuepassieren.

„Zehn neue Kunden in drei Wochen", resümiert Susanne, als sie ihr Handy weglegt. „Und ein super Feedback. Und eine sehr zufriedene Chefin."

„Das ist ein guter Anfang, finde ich. Jetzt musst du dranbleiben, denn sonst war das nur ein Strohfeuer und ihr seid ganz schnell wieder in der Versenkung verschwunden."

„Klar. Mir macht es auch Spaß, muss ich sagen, das hätte ich mir nicht gedacht. Als ich mein erstes Posting veröffentlicht habe, hatte ich schon Sorge, dass die Leute sich belästigt fühlen würden. Ich war wirklich überzeugt, dass ich sie verärgere, wenn ich ihnen erzähle, was ich mache und dass sie zu mir in den Friseursalon kommen sollen. Aber die Kommentare waren fast alle positiv."

„Ist klar, dass es immer auch jemanden gibt, der etwas auszusetzen hat, oder?"

„Die drei oder vier, die das nicht so toll fanden, waren allesamt auch Friseurinnen. Wahrscheinlich sind die nur neidisch, weil ihnen so etwas nicht eingefallen ist. Jedenfalls," sagt Susanne und blickt Jürgen offen ins Gesicht, sodass dessen Schmetterlinge im Bauch Stress bekommen, „danke ich dir sehr. Für die Idee und für die Unterstützung. Ohne dich hätte ich mich das nicht getraut."

Jürgen wird wieder einmal rot vor Verlegenheit, und weil ihn das ärgert, wird er gleich noch röter. „Hab ich doch gern gemacht", murmelt er und senkt den Blick. Eine Weile genießen sie schweigend den kleinen Erfolg und nippen an ihrem Kaffee. Schließlich hat Susanne eine Idee.

„Eigentlich geht alles viel leichter, wenn man sich austauscht. Man ist viel mutiger, wenn man von anderen Zuspruch bekommt. Man fühlt sich auch ein wenig sicherer, wenn man das, was man tun möchte oder sollte, vorher mit jemandem besprechen kann. Was hältst du davon, wenn wir das auch weiterhin tun?"

„Super Idee!" Dann überlegt er. „Das würde vielleicht auch Claudia interessieren, der ich es zu verdanken habe, dass mir mein Job heute Freude macht. Sie ist Verkäuferin in einer Boutique und hat mir damals ganz wichtige Tipps gegeben."

"Meine Chefin könnte das auch gut finden."

"Und die Verkäuferin vor zwei Monaten im Autohaus, die meiner Mutter ein Auto nicht verkauft hat."

"Was heißt ‚nicht' verkauft?"

"Sie hat sich ziemlich ungeschickt angestellt und meine Mutter von Anfang an mit all dem technischen Schnickschnack zugetextet, den meine Mutter absolut nicht hören wollte. Sie ist nicht einmal richtig zu Wort gekommen, um die Fragen zu stellen, die für sie wichtig gewesen wären." Jürgen kichert, wenn er daran denkt, wie sie letztlich die Flucht ergriffen haben. Seine Mutter hat dann einen geräumigen Kombi einer anderen Automarke gekauft.

"Ah, ja. Die könnte ganz bestimmt Nachhilfe gebrauchen. Aber sag, wenn wir dann so viele werden, wie wollen wir das denn organisieren?"

Das ist eine gute Frage. Doch nach zwei Runden Energydrink, gemischt mit frisch gepresstem Orangensaft, haben sie den zündenden Gedanken.

5.1 Erfolgreich ist, wer gut umsetzen kann

Mit diesem Buch bekommen Sie eine Menge Anregungen mit auf den Weg, die Ihre Haltung dem Job gegenüber zum Positiven verändern sollen. Wir freuen uns sehr, dass Sie immer noch lesen und sich auch dieses letzte Kapitel gönnen. Denn nun geht es darum, diese Haltung in Ihrem Verhalten sichtbar zu machen. Nur so werden Sie auf lange Sicht erfolgreich sein.

Etwas Neues auszuprobieren ist immer mit einem gewissen Risiko verbunden: Wird es mir gelingen, die Worte so zu finden, dass meine Botschaft beim Kunden in gewünschter Form ankommt? Was, wenn ich lauter Absagen bekomme und keiner meiner potenziellen Kunden zu einem guten Verkaufsgespräch bereit ist? Seien Sie beruhigt: Es ist noch kein Meister vom Himmel gefallen, soviel ist sicher. Wenn Sie gleich beim ersten Versuch einen Treffer landen, dann herzlichen Glückwunsch! Bleiben Sie realistisch und gleichzeitig ambitioniert, denn das bedeutet nicht unbedingt, dass auch die weiteren Versuche erfolgreich sein werden. Der Irrtum, der Misserfolg, das

Scheitern sind wesentliche Bestandteile des Lernens. Sehen Sie sie als Zwischentestergebnisse, die Ihnen zeigen, was gut war und wo Sie sich noch weiterentwickeln müssen. Ein Profi-Skifahrer schwingt auch nicht bei der ersten Zwischenzeit ab, nur weil er da noch nicht vorne liegt. Er kämpft sich weiter zur zweiten Zwischenzeit und bis ins Ziel. Erst dann spricht er von einem Erfolg oder Misserfolg. Und beim nächsten Rennen versucht er es erneut, denn er hat ja die Chance, den Weltcup zu gewinnen, auch wenn nach einem einzelnen Rennen nicht am Podest steht. Sollte er den Weltcup-Sieg nicht schaffen, versucht er es im nächsten Jahr wieder. Zwischen jedem Rennen arbeitet er weiter – reflektiert, analysiert und trainiert. So machen das die Profis, und so sollten auch Sie sich entlang der vielen Versuche vorwärtsarbeiten.

Der deutsche Psychologe Hermann Ebbinghaus, der sich eingehend mit dem Lernen beschäftigte und unter anderem die „Ebbinghaus'sche Vergessenskurve" entwickelte, sagt, dass man erst nach 160 Wiederholungen und Versuchen etwas wirklich kann. Wie viel Zeit Sie tatsächlich brauchen, hängt in erster Linie von Ihrer Motivation ab. Je größer Ihr Wille ist und je mehr Sinn Sie darin sehen, desto schneller werden Sie das neue Verhalten lernen und desto weniger Wiederholungen werden Sie brauchen. Haben Sie also etwas Geduld – und bleiben Sie vor allem dran, um Erfolge verbuchen zu können. Das ist so ähnlich wie an den Börsen. Auf eine Hausse folgt eine Baisse und wieder retour – auf einen Börsenaufschwung folgt ein Kursrückgang. Börsen entwickeln sich immer in Wellenbewegungen, und genauso verläuft auch jeder Lernprozess in Wellen. Den schnellen Gewinn bei Wertpapieren schafft man mit Glück oder einem guten Tipp, dennoch fällt so etwas eher unter Glückstreffer, der beim nächsten Mal wieder schiefgehen kann. Langfristig zahlt es sich aus, in Aktien zu veranlagen, was man dazu braucht, ist Wissen, Geduld und Durchhaltevermögen. Genauso ist es, wenn Sie sich vornehmen, Ihren Stil im Verkaufsverhalten weiterzuentwickeln. Auf eine rasche Erfolgswelle wird vielleicht ein Tief kommen, wo Sie wieder in bekannte Verhaltensmuster zurückfallen. Beweisen Sie Durchhaltevermögen und bleiben Sie dran. Werfen Sie nicht die Flinte ins Korn, nur weil es nach fünf Versuchen nicht geklappt hat. Sie würden sich bloß die Chance zum echten Lernen und Weiterentwickeln vergeben.

> **Festgehalten**
>
> Es braucht viele Wiederholungen, bis man etwas wirklich kann. Irrtum, Misserfolg und Scheitern sind wichtige Bestandteile des Lernens und Weiterentwickelns. Je größer Ihr Wille zur Veränderung, desto schneller schaffen Sie es.

5.2 Austauschen, teilen, gemeinsam entwickeln, bewegen

Wie Susanne in der Geschichte feststellt, ist Veränderung viel leichter, wenn man sich im vertrauensvollen Kreis Gleichgesinnter befindet. Nehmen wir an, Sie hätten vor, für eine Verkaufsaktion das EVA-Modell aus Abschn. 4.4.2 auszuprobieren. Wie es Ihr Chef erwartet, platzieren Sie sich strategisch günstig in Ihrem Geschäft. Einstiegssatz – Vorteil für den Kunden – abschließende Frage, das alles haben Sie sich gut überlegt und auswendig gelernt. Und nun verlässt Sie der Mut: Ob die Sätze auch wirklich gut sind? Wer weiß, wie sie beim Kunden ankommen? Beim ersten Kunden, den Sie ansprechen, wirken Ihre Sätze auch entsprechend wenig überzeugt, weil Sie kleinlaut sind und verunsichert.

Da wäre es doch gut gewesen, wenn Sie sich vorher mit jemandem austauschen hätten können. Er hätte Ihnen Feedback zu Ihren vorbereiteten Sätzen gegeben und Sie hätten gemeinsam noch daran feilen können. Schon alleine zu wissen, dass jemand anderer sie gut findet, stärkt Sie. Das macht Sie mutiger und lässt Sie viel selbstsicherer auftreten. Am Ende des Tages, wenn Sie es geschafft haben, dreißig Kunden anzusprechen, können Sie Resümee ziehen. Auch hier ist es ein haushoher Unterschied, ob Sie beim Heimfahren im Bus alleine darüber nachdenken, was gut und was weniger gut gelungen ist und was Sie beim nächsten Mal anders machen sollten, oder ob Sie Ihre Erfahrungen mit einer Kollegin oder einem Kollegen teilen.

Ein sehr wirksames Mittel, um dranzubleiben, ist, mit anderen darüber zu reden. Nur so verhindern Sie zu verzagen. Sie behalten die Liebe für Ihre Sache, auch wenn Sie gerade in einem Motivationstief stecken. Sich mit Gleichgesinnten auszutauschen, ist eines der wirksamsten Mittel, um dranzubleiben. Das hilft nicht nur gegen das Verzagen. Die anderen werden Sie bei jedem Motivationstief erfolgreich daran erinnern, dass Verkaufen der schönste Job der Welt ist und dass Sie lieben, was Sie tun. Nicht nur Sie profitieren sehr viel mehr am gemeinsamen Austausch, auch andere bringt es weiter. Nun können Sie einwenden, dass es problematisch sei, Ihr Wissen einfach so zu verschenken, noch dazu womöglich an Kollegen im eigenen Unternehmen, die doch in gewisser Weise auch Konkurrenten sind. Doch diese Sicht ist sehr unscharf. Wenn zwei dasselbe wissen, dann heißt das noch lange nicht, dass sie dasselbe tun. Jeder Mensch hat seine eigenen Interpretationen zu ein und demselben Modell, hat seinen eigenen Stil im Verhalten gegenüber den Kunden und in der Sprache. Gleichzeitig hat „Austausch" nichts mit Einbahnen zu tun. Wenn Sie Ihre Erfahrungen für andere bereitstellen und andere es Ihnen gleichtun, dann lernen auch Sie vom Wissen und den Erfahrungen anderer.

Die Gemeinschaft hat noch einen Vorteil: Sie beweist Ihnen, dass Sie mit keinem einzigen Problem alleine sind auf weiter Flur. „Ich bin zu dumm dafür" gilt dann nicht mehr, denn es gibt genug andere, denen es ähnlich geht.

Festgehalten

Sprechen Sie mit anderen über Ihre Vorhaben, holen Sie Feedback ein, teilen Sie Erfolge und Misserfolge. Das macht viel mehr Spaß und erhöht Ihren Erfolg!

5.3 Ideen, wie Sie Ihre ersten Schritte gestalten

In den einzelnen Kapiteln dieses Buchs haben Sie immer wieder Anregungen und Tipps vorgefunden, die Sie auf jeden Fall ausprobieren sollten. An dieser Stelle wollen wir Ihnen eine Art Leitfaden anbieten, mit dem Sie sich Schritt für Schritt durch Ihre eigene Haltung und die in Ihnen schlummernden Vorurteile graben können. Wenn Sie nach dieser Tiefenbohrung am anderen Ende wieder herauskommen, sollten Sie sehr viel mehr über sich selbst wissen. Sie werden an Ihren Vorurteilen positiv gedreht haben und viele Möglichkeiten erkannt haben, wie Sie Ihren Beruf mit Freude und Leidenschaft noch besser gestalten.

5.3.1 Eine Frage Ihrer Haltung

Alles Verhalten und der Erfolg jeder Kommunikation steht und fällt mit Ihrer inneren Haltung. Daher beginnen wir genau hier und schlagen Ihnen vor, sich zunächst einmal Gedanken zu ein paar wichtigen Fragen zu machen. Wir haben genügend Platz gelassen, sodass Sie Ihre Antworten gleich im Buch notieren können.

Achten Sie darauf, dass Ihre Antworten authentisch sind. Nur eine Vorgabe haben wir: Bitte formulieren Sie sie positiv, vermeiden Sie also „nicht" und „kein". Eine Antwort auf die erste Frage sollte also nicht lauten „Weil ich nicht arbeitslos sein möchte", sondern besser „Weil ich langfristig einer sinnvollen Beschäftigung nachgehen möchte". Also, los geht's!

To do

Was antworten Sie einem guten Freund, der Sie fragt weshalb Sie diesen Job machen?

Was antworten Sie spontan einem Fremden, der Sie im Bus oder in der Bahn nach Ihrem Job fragt?

Was antworten Sie sich selbst, wenn Sie sich am Morgen auf dem Weg zur Arbeit fragen, weshalb Sie diesen Job machen?

Beantworten Sie diese Fragen nicht nur jetzt, sondern immer wieder – auf dem Weg zur Arbeit etwa, immer dann, wenn Sie unwillig sind, oder täglich oder jeden Montagmorgen. Finden Sie eine Regelmäßigkeit.

Damit Sie Ihre Haltung auch wirklich gut in sich verankern können, haben wir noch einen Trick für Sie: Suchen Sie im Internet oder in einem Zitatebuch nach einem Spruch, der Ihnen gefällt und der Ihre Haltung zum Leben positiv beschreibt. Schreiben Sie ihn auf einen Zettel, den Sie an Ihrem Arbeitsplatz so anbringen, dass Sie ihn im Blickfeld haben und mehrmals am Tag lesen können.

5.3.2 Den Mutigen gehört die Welt

„Die reinste Form des Wahnsinns ist es, alles beim Alten zu lassen und gleichzeitig zu hoffen, dass sich etwas ändert", sagte einst der kluge Albert Einstein. Mit dieser weisen Beobachtung fühlen wir uns wohl alle ertappt, nicht wahr? Komfortzonen sind schließlich sehr bequem. Sie sind wie ein warmes, gemütliches Sofa in einer unwirtlichen, fremden Umgebung. Wir alle tendieren dazu, lieber darauf hocken zu bleiben, als hinauszugehen, vor allem, wenn in der Welt draußen gerade ein Gewitter tobt. Im Grunde reicht es schon, nur eine sehr vage, indifferente Vorstellung davon zu haben, ohne genau zu wissen, was einen draußen erwartet, und schon ziehen wir das Sofa dem vermeintlichen Abenteuer vor. Es könnte zwar sein, dass draußen eine verheißungsvolle Hängematte zwischen zwei Südseepalmen auf uns wartet und man sich dort genüsslich die Sonne auf den Bauch scheinen lassen kann, aber wer weiß! Sicherheitshalber bleiben wir da, wo wir sind. Das Sofa kennen wir schon, da haben wir Gewissheit, dass uns zwar nichts Neues und Aufregendes, aber bestimmt auch nichts Böses erwartet. Wer weiß, was auf dem Weg zur Hängematte alles passiert!

Dieser Trägheit wollen wir nun entgegenwirken, und das tun wir am besten, indem wir den Fokus weg von den möglichen Unbequemlichkeiten und hin zu etwas viel Schönerem lenken: einem höchst attraktiven Ziel, der verheißungsvollen Zukunft, dem künftigen besseren Zustand, der höheren Lebensqualität. Finden Sie Ihr

Meta-Ziel, Ihr „big picture", das so anziehend auf Sie wirkt, dass Sie es wirklich wollen. Wir unterstützen Sie mit ein paar Beispielen:

- Mein Ziel ist es, mein Selbstwertgefühl zu stärken.
- Ich möchte mich mit meiner Arbeit als Verkäuferin selbstverwirklichen.
- Mein Ziel ist, an der täglichen Arbeit mehr Freude zu haben.
- Ich möchte mein Einkommen um EUR 370,00 monatlich steigern.
- Mein Ziel ist, den Provisionsanteil meines Gehalts um 30 % zu erhöhen.

Sie sehen, diese Meta-Ziele sind diversen anderen Zielen Ihr Verkaufsverhalten betreffend übergeordnet. Nehmen wir an, Sie haben eines dieser Ziele aus der Liste als Meta-Ziel auserkoren. Sie stellen des Weiteren fest, dass beschwerdeführende Kunden Ihnen ein lästiges Übel sind und Sie das nun ändern wollen. Ziel ist also, dass Sie sich eine andere Haltung diesen Kunden gegenüber aneignen. Wenn Ihnen das gelingt, dann sind Sie auch im Hinblick auf Ihr Meta-Ziel ein Stück weitergekommen.

To do

Formulieren Sie nun Ihr persönliches Meta-Ziel.
Achten Sie darauf, dass es ein vollständiger Satz ist, der ein Verb enthält.
(wie die Beispiele oben)

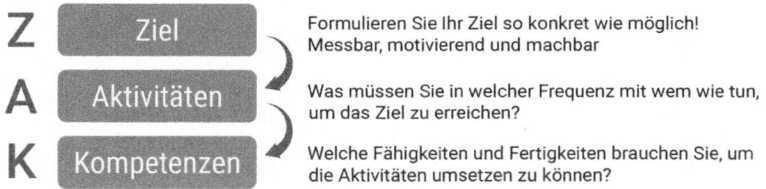

Abb. 5.1 Das ZAK-Modell. (Eigene Darstellung)

Mit diesem Meta-Ziel haben Sie sich selbst eine wichtige Orientierung geschaffen. Alles, was Sie nun im Sinne Ihrer Haltung beim Verkaufen tun, wird zusätzlich geprägt sein vom Willen, dass Sie dieses Meta-Ziel erreichen wollen. Sollte Sie unterwegs der Mut verlassen, können Sie sich Ihr großes Meta-Ziel im Geiste herbeiholen, und es wird Ihnen den nötigen Motivationsschub verpassen, um sich zu überwinden.

Die nun folgenden neun Übungen beziehen sich auf je ein Vorurteil aus Kap. 4. Mit ihnen sollte es gelingen, dass Sie Ihr ganz persönliches Verkaufsverhalten in der Praxis so verändern, dass Sie einerseits mehr Erfolg haben und andererseits auch mehr Freude. Um jede dieser Übungen besonders effektiv zu machen, geben wir Ihnen noch einmal unser ZAK-Modell in die Hand (vgl. Abb. 5.1).

Dieses Modell hilft Ihnen, um zu wissen, was zu tun ist, damit Sie Ihr Ziel erreichen. Wir empfehlen Ihnen, jeder Übung zunächst dieses ZAK-Modell voranzustellen, um schneller Orientierung zu bekommen. Wenn Sie diesen Dreischritt für jede Übung durchführen, können Sie für sich dokumentieren, ob Sie das Ziel auch erreicht haben. Und ganz wichtig: Feiern Sie jeden Erfolg gebührend!

5.3.3 Was macht Sie zum erfolgreichen Verkäufer?

Wir haben in Abschn. 4.1 darüber geschrieben, dass es vor allem zweier spezieller Eigenschaften bedarf, um ein wirklich guter, leidenschaftlicher Verkäufer zu sein: das Interesse an den Menschen und Authentizität. Nun stellen Sie eine Standortbestimmung an.

To do

> Beschreiben Sie sich selbst als Verkäufer. Sie stellen sich einem potenziellen Neukunden vor. Wie können Sie in einem Satz sagen, was Sie beruflich tun, sodass dieser Unbekannte aufmerksam wird und sich beim Zuhören nicht langweilt.
>
> Und nun Sie

Die meisten würden so beginnen: „Guten Tag, mein Name ist Max Müller, ich bin seit zwölf Jahren bei der Meier KG beschäftigt, mein Schwerpunkt ist … und ich habe dafür folgende Ausbildungen absolviert …" Seien Sie ehrlich, das würde auch Sie nicht hinter dem Ofen hervorholen, oder? Hier ist ein Vorschlag, wie es gut wirkt: „Guten Tag, mein Name ist Max Müller, ich freue mich, Sie kennenzulernen, denn das ist genau der Grund, warum ich meinen Job liebe – nämlich Menschen, in diesem Fall Sie, dabei zu begleiten, die richtigen Entscheidungen für sich zu treffen. Dafür brenne ich und dabei bin ich gut. Schön, dass Sie da sind."

Merken Sie den Unterschied? Im ersten Fall erhält man den Eindruck, Max Müller sähe sich bloß als Erfüllungsgehilfe der Meier KG. Im zweiten Fall lernen wir jemanden kennen, der für seine Aufgabe brennt. Versuchen Sie nun, Ihre Vorstellung zu finden, so wie sie zu

5.3 Ideen, wie Sie Ihre ersten Schritte gestalten

Ihnen passt. Wenn Sie sie gefunden haben, dann haben Sie sie, Ihre individuelle Impfung mit dem Verkäufer-Gen.

5.3.4 Wie Sie Emotionen im Verkauf einsetzen

In Abschn. 4.2 haben Sie das Modell der Waage kennengelernt, auf deren einen Seite die Emotionen, auf der anderen die rationalen Fakten liegen. Zu den emotionalen Aspekten gehört ganz zentral das Motiv, das dem Kaufwunsch eines Kunden zugrunde liegt. Dazu diese Anregung:

To do

> Denken Sie an Ihre letzten zehn Kunden, mit denen Sie in letzter Zeit Verkaufsgespräche hatten.
> Wissen Sie – oder glauben Sie zu wissen –, welches Motiv jeder dieser Kunden hatte? Seien Sie ehrlich bei der Antwort.
>
> 1. ....
> 2. ....
> 3. ....
> 4. ....
> 5. ....
> 6. ....
> 7. ....
> 8. ....
> 9. ....
> 10. ....

Wenn Sie es nicht bei mindestens fünf Kunden mehr wissen, müssen Sie dringend beginnen, das zu ändern. Bei den nächsten Gesprächen stellen Sie konkrete Fragen, die auf die Motivebene abzielen, beispielsweise:

- Was ist Ihnen besonders wichtig?
- Was möchten Sie damit erreichen?
- Was soll für Sie durch den Kauf anders sein?
- Was ist für Ihre Entscheidung ausschlaggebend?
- Was soll/muss passieren, dass Sie sich dafür entscheiden?

To do

> Und nun sind Sie an der Reihe. Anhand unserer Beispielsfragen formulieren Sie in Ihrer Sprache und auf Ihre Produkte bezogen mögliche Fragen zum Kaufmotiv, die idealerweise zu jedem Kunden passen könnten.
>
> 1. ....
> 2. ....
> 3. ....
> 4. ....
> 5. ....

5.3.5 So werden Sie Weltmeister im Kunden-Zuhören

Erinnern Sie sich an das VGZ-Modell? Anstatt Ihre Kunden totzureden, gilt es, gute Fragen zu stellen und Ihren Kunden vor allem interessiert zuzuhören. So schaffen Sie es einerseits, Vertrauen aufzubauen und Sympathie zu gewinnen – nur wenn die Kundin oder der Kunde

5.3 Ideen, wie Sie Ihre ersten Schritte gestalten

das Gefühl hat, dass Sie sich für sein Anliegen wirklich interessieren, wird das gelingen. Andererseits erfahren Sie nur so, worum es ihm oder ihr wirklich geht, und können ihm zwei, drei Alternativen anbieten, die wirklich gut passen, um eine Kaufentscheidung zu treffen.

Nun, dann legen Sie einmal los. Die nächsten Verkaufsgespräche werden Sie nur noch nach dem VGZ-Modell führen, indem Sie Fragen in die Vergangenheit, Gegenwart und Zukunft stellen. Ihr Ziel ist, mit diesem Fragenkatalog möglichst viel über den Kundenwunsch zu erfahren, sodass Sie ihm professionell zu einer für ihn guten Entscheidung verhelfen können:

To do

Wählen Sie ein Produkt, das Sie häufig und gerne verkaufen

Welche auf die Vergangenheit bezogenen Fragen passen für Ihr Produkt und Ihre Kunden? Finden Sie mindestens drei:

1. ....
2. ....
3. ....
4. ....

5 Bringen Sie Bewegung in Ihren Verkauf

Welche auf die Gegenwart bezogenen Fragen passen für Ihr Produkt und Ihre Kunden? Finden Sie mindestens drei:

1. ....
2. ....
3. ....
4. ....

Welche auf die Zukunft bezogenen Fragen passen für Ihr Produkt und Ihre Kunden? Finden Sie mindestens drei:

1. ....
2. ....
3. ....
4. ....

Diese Übung war doch gar nicht so schwierig, oder? Der Unterschied zwischen einer interessierten Plauderei mit dem Kunden und einem professionellen Fachgespräch liegt schlicht darin, dass Sie mit Ihren Fragen fokussierter vorgehen. Die Idee hinter dem VGZ-Modell ist, dass Sie damit automatisch zum Kern vordringen. Sie müssen wissen, wann er was, warum und mit welchem Ziel braucht oder machen möchte.

Weil Sie schon so schön in Fahrt sind, wiederholen Sie die Aufgabe, jetzt aber bezogen auf ein Produkt, das Sie überhaupt nicht gerne verkaufen. Die Fragen können selbstverständlich ähnlich sein wie oben. Ihr Ziel bleibt aber gleich, nämlich so viele Informationen zu bekommen, damit Sie die richtige Lösung anbieten können.

5.3 Ideen, wie Sie Ihre ersten Schritte gestalten

To do

Wählen Sie ein Produkt, das Ihnen schwer fällt zu verkaufen

Welche auf die Vergangenheit bezogenen Fragen passen für Ihr Produkt und Ihre Kunden? Finden Sie mindestens drei:

1. ....
2. ....
3. ....
4. ....

Welche auf die Gegenwart bezogenen Fragen passen für Ihr Produkt und Ihre Kunden? Finden Sie mindestens drei:

1. ....
2. ....
3. ....
4. ....

Welche auf die Zukunft bezogenen Fragen passen für Ihr Produkt und Ihre Kunden? Finden Sie mindestens drei:

1. ....
2. ....
3. ....
4. ....

5.3.6 Kreieren Sie Ihre eigene Vertriebsoffensive

In Abschn. 4.4 haben wir den Fokus auf Kaltakquise gelegt und Beispiele dafür gebracht, weil das wohl eine der unbeliebtesten Tätigkeiten für die meisten Verkäuferinnen und Verkäufer ist. Wir haben Ihnen das EVA-Modell vorgestellt: mit einem Einstiegssatz beginnen, Vorteil für den Kunden nennen, Abschlussfrage stellen. Damit können Sie sich gut vorbereiten, sodass die Hürde zur Ansprache kleiner wird.

Damit Sie sich bei der Kundenansprache wohlfühlen, ist es jedoch auch hier mit dem Werkzeug allein nicht getan. Es ist die passende Haltung, wie sollte es anders sein. Anstatt zu denken „Oje, ich muss heute 20 Kunden ansprechen", denken Sie besser „Ich freue mich auf die nächste Begegnung". Der Kunde beißt nicht. Die Chance, dass er freundlich ist, liegt bei 99 % – erst recht dann, wenn Sie ihm mit einem positiven, zuversichtlichen und interessierten Lächeln begegnen. Halten Sie sich immer vor Augen: Das Schlimmste, das Ihnen passieren kann, ist, dass Sie „nur" jemanden ein bisschen näher kennengelernt haben.

To do

Ihre Aufgabe ist folgende: Sie warten nicht erst darauf, dass Ihr Vorgesetzter von Ihnen eine Vertriebsoffensive verlangt. Sie starten gleich morgen selbst mit einer Aktion. Wählen Sie ein Thema bzw. ein Produkt, zu dem Sie in den nächsten vier Wochen möglichst viele Kunden ansprechen wollen.

Wie viele Kunden Sie sich als Ziel stecken, hängt ganz von der Art Ihres Geschäfts ab. Wir vertrauen darauf, dass Sie sich ein ambitioniertes Ziel stecken. Denken Sie daran: Sie lernen nur dann nachhaltig etwas dazu, wenn Sie Ihre Komfortzone verlassen. Unser Vorschlag: Peilen Sie 50 Gespräche an, egal, ob Sie diese 50 Gespräche in einer Woche oder einem Monat erledigen können. Nur durch ausreichende Wiederholung wird neues Verhalten zur Selbstverständlichkeit!

Ihr Thema/Produkt

5.3 Ideen, wie Sie Ihre ersten Schritte gestalten

Das passende EVA-Modell

Ihr Einstiegssatz:

Der Vorteil für Ihren Kunden:

Ihre Abschlussfrage:

Ein Beispiel, damit Sie Ihre Worte leichter finden: Nehmen wir an, Sie verkaufen Spielwaren und Sie möchten das neueste Strategiespiel verstärkt verkaufen. Dieses Strategiespiel entführt einen in die Geheimdienstwelt und ist geeignet ab 14 Jahre. Sie nehmen sich vor, in dieser Woche so viele Kunden wie möglich darauf anzusprechen, die beim Regal für Gesellschaftsspiele stehen. Das EVA-Modell könnte so aussehen:

- Einstieg: „Ich sehe, Sie interessieren sich für Gesellschaftsspiele."
- Vorteil: „Wir haben ganz neu ein ausgezeichnetes Strategiespiel hereinbekommen. Es fördert das Kombinationsdenken, dauert nicht ewig und hat absoluten Suchtfaktor!"
- Abschlussfrage: „Interessiert? Dann stelle ich Ihnen das Spiel gerne kurz vor!"

Noch einmal für Sie ein Mut-Macher: Sie können absolut nichts verlieren, sondern nur gewinnen. Es gibt nämlich genau drei Möglichkeiten, wie der Kunde nun auf Ihre Ansprache reagiert:

- Der Kunde sagt Ja und ist interessiert. Dann sind Sie mitten im Verkaufsgespräch.
- Der Kunde lehnt ab mit den Worten: „Nein danke, ich suche etwas anderes". Dann sind Sie ebenfalls mitten im Verkaufsgespräch, denn dann folgt von Ihnen der Satz: „Alles klar, danke für die Info. Wonach suchen Sie denn?" Und schon geht das Gespräch weiter.
- Der Kunde lehnt ab mit den Worten: „Nein danke, ich schau nur". Selbst in diesem Fall haben Sie viel erreicht, nämlich einen Menschen kennen gelernt, dabei einen netten, kurzen Dialog geführt und dem Kunden das Gefühl vermittelt, dass Sie ihn wahrgenommen und beachtet haben. Oft kommen gerade diese Kunden nach zwei Minuten zu Ihnen zurück mit der Bitte um Unterstützung, weil sie nicht finden, was sie suchen. Dann sind Sie erst recht richtig dick im Geschäft!

5.3.7 Entwickeln Sie die Beziehungen zu Ihren Kunden weiter

Verkauf ist keine Raketenwissenschaft, wie Sie mittlerweile wissen, sondern Beziehungsarbeit, wie Sie sie auch privat kennen. Nur eben mit einem professionellen Anstrich. Wir laden Sie also nun ein, einen Blick darauf zu werfen, wie Ihre Kundenlandschaft beziehungstechnisch beschaffen ist: Mit welchen Kunden sind Sie in Kontakt, mit welchen agieren Sie auf Begegnungsebene? Zu welchen Kunden haben Sie bereits eine richtige Beziehung aufbauen können und welche würden Sie zur Bindungsebene zuordnen?

5.3 Ideen, wie Sie Ihre ersten Schritte gestalten

Ihr Kundenbeziehungs-Portfolio: Gehen Sie im Geist alle Ihre aktuellen Kunden durch und ordnen Sie jeweils vier davon den Feldern in diesem Portfolio zu

Kontaktkunden	Begegnungskunden
Bindungskunden	**Beziehungskunden**

Wenn Sie eine sehr große Zahl an Kunden haben, die in diesen vier Quadranten keinen Platz haben, notieren Sie die ungefähre Anzahl. In jedem Fall eruieren Sie den prozentuellen Anteil pro Quadrant.

Eine kluge Lebensweisheit ist das 80-20-Prinzip, benannt nach dem Erfinder und Ökonomen Vilfredo Pareto. Für uns angewendet heißt das so viel wie: Mit 20 % Ihrer Kunden machen Sie 80 % Ertrag, und das sind die Beziehungs- und Bindungskunden. Wenn Sie also Ihren Umsatz steigern wollen, ist ein sehr sinnvoller Weg der, dass Sie die Anzahl Ihrer Beziehungs- und Bindungskunden erhöhen. Ihr Ziel ist demnach, eine Strategie zu finden, um viele Ihrer Kontaktkunden auf die

Begegnungsebene zu heben, Begegnungskunden auf die Beziehungsebene und Beziehungskunden auf die Bindungsebene (s. Abb. 5.2).

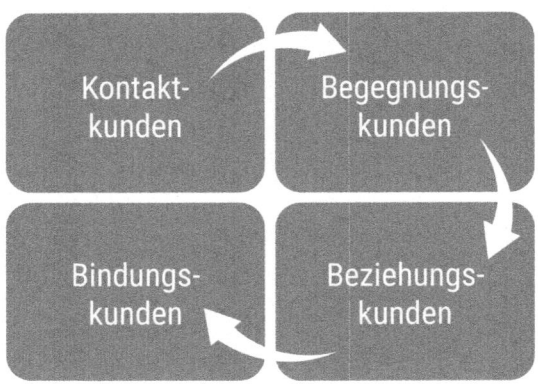

Abb. 5.2 Kundenlandschaft aus beziehungstechnischer Perspektive. (Eigene Darstellung)

Vom Kontakt zur Begegnung

Nützen Sie jede Begegnung mit Ihren Kunden, um sie von Anfang an für sich zu gewinnen. Heben Sie sich ab von Ihren Kolleginnen und Kollegen. Überlegen Sie sich eine persönliche Begrüßung, die anders ist als das übliche „Guten Tag". Finden Sie eine Formulierung, bei der sich Ihre Kunden wirklich willkommen fühlen.

Ihre persönliche Begrüßung für die nächsten Wochen lautet:

Falls Sie gerade mit einem Brett vor dem Kopf kämpfen: Origineller als „Guten Tag" ist zum Beispiel „Hallo! Schön, dass Sie bei uns sind" oder „Willkommen! Ich freue mich, dass Sie da sind." Denken Sie bitte auch an Ihre Authentizität. Der Satz darf nicht gekünstelt klingen und auch nicht zu lang sein, er sollte Ihnen flüssig von den Lippen kommen. Sollten Sie in der bedauernswerten Lage sein, von Kolleginnen oder Kollegen umgeben zu sein, die meistens gar nicht grüßen (unser aufrichtiges Beileid!), dann haben Sie es relativ einfach – wer weiß, vielleicht etablieren Sie eine neue Begrüßungskultur in Ihrer Abteilung!

> **Von der Begegnung zur Beziehung**
>
> Auch wenn Ihr Kunde gerade keine Beratung braucht oder Ihre Produkte oder Dienstleistungen generell sich quasi von selbst verkaufen, sollten Sie einen Weg finden, um Kunden dennoch in ein Gespräch zu verwickeln. Daher:
>
> Überlegen Sie sich zwei Fragen, die Sie jedem Kunden stellen können. Tun Sie das auch, und zwar für die nächsten vier Wochen:
>
> 1. ....
>   ....
> 2. ....
>   ....

Sie können beispielsweise nach der Frequenz fragen, wie häufig der Kunde den Artikel kaufen wird. Fragen Sie nach dem Grund, weshalb er gerne bei Ihnen im Geschäft einkauft. Seien Sie mutig und fragen Sie, wann Sie den Kunden wieder bei sich willkommen heißen können. Schaffen Sie ein Gefühl des Vertrauens und bauen Sie so die Beziehung weiter auf.

> **Von der Beziehung zur Bindung**
>
> Notieren Sie zu jedem Stammkunden, den Sie schon gut kennen, ein oder zwei ganz persönliche Details, auf die Sie ihn beim nächsten Gespräch ansprechen können. Was ist sein Lieblingsgetränk? Welche Hobbys hat er? Absolviert er gerade eine Ausbildung? Wenn Sie ihn beim nächsten Mal danach fragen, schaffen Sie ein professionelles, berufliches Naheverhältnis.
>
> Los geht's! Holen Sie einen Lieblingskunden nach dem anderen vor Ihr geistiges Auge und notieren Sie ein Detail, auf das Sie ihn beim nächsten Mal ansprechen können.
>
> Stammkunde 1: .... >> ....
>
> Stammkunde 2: .... >> ....
>
> Stammkunde 3: .... >> ....
>
> Stammkunde 4: .... >> ....
>
> Stammkunde 5: .... >> ....

5.3.8 Deklarieren Sie sich offen als Verkäufer

Ihre positive Haltung zu Ihrem Beruf spiegelt sich in jeder Kommunikation wider. Jede der bisherigen Übungen braucht diese Haltung als Grundlage, damit sie auch gelingt und Sie beim Kunden überzeugend ankommen. Gleichzeitig ist die Art, wie Sie diese Übungen in der Praxis realisieren, der von außen sichtbare und hörbare Beweis Ihrer leidenschaftlichen Herangehensweise.

Wir möchten Sie nun zu einem Experiment einladen. Es ist herausfordernd, das ist uns klar, doch Sie sind ja nun schon genug Profi, um zu wissen, dass Sie der Schritt heraus aus der Komfortzone weiterbringt. Dies ist nicht nur ein Schritt hinaus, sondern quasi gleich ein Weitsprung. Seien Sie mutig!

Der Weitsprung in die Champions-League des Verkaufens

Zu den nächsten 20 Kunden, die zu Ihnen kommen, fragen Sie nicht, wie Sie weiterhelfen können. Sagen Sie: „Ich möchte alles tun, was notwendig ist, damit Sie die Entscheidung treffen können, bei mir das Produkt zu kaufen, das ideal für Sie ist." Oder wenn Sie jemand um Beratung bittet, sagen Sie: „Gerne, dafür bin ich da. Und ich gehe sogar noch einen Schritt weiter. Ich möchte Sie nicht nur beraten und darüber reden, welches Produkt das Richtige für Sie ist. Mein Ziel ist, dass Sie bei mir kaufen."

Diese Sätze sind beispielhaft und brauchen nun ein Tuning von Ihnen. Schließlich wirken Ihre Worte nur dann richtig, wenn Sie authentisch sind. Formulieren Sie zwei mögliche Sätze, mit denen Sie klipp und klar zum Ausdruck bringen, dass Sie als Verkäufer SELBSTVERSTÄNDLICH verkaufen wollen!

5.3.9 Machen Sie sich das Internet zum Assistenten

Sich das Internet zunutze machen, ist aus unserer Sicht der einzige Weg, um das Beste aus der Realität zu machen. Denn gegen alle Webshops anzukämpfen wäre aussichtslos wie der Kampf Don Quixotes gegen Windmühlen. Damit Sie sich darauf gut einstellen können, bedarf es einer genaueren Betrachtung Ihres Geschäfts generell. Dazu laden wir Sie nun ein:

To do

Welche Ihrer Produkte gibt es im Internet?

Was ist Ihr Alleinstellungsmerkmal? Wie heben Sie sich vom Internet-Verkauf ab?

Welche Fragen stellen Ihre Kunden, die ein Webshop nicht beantwortet?

Welche Fragen stellen Ihre Kunden NICHT, wenn sie im Internet kaufen, weswegen sie auch nicht das für sie beste Produkt bekommen?

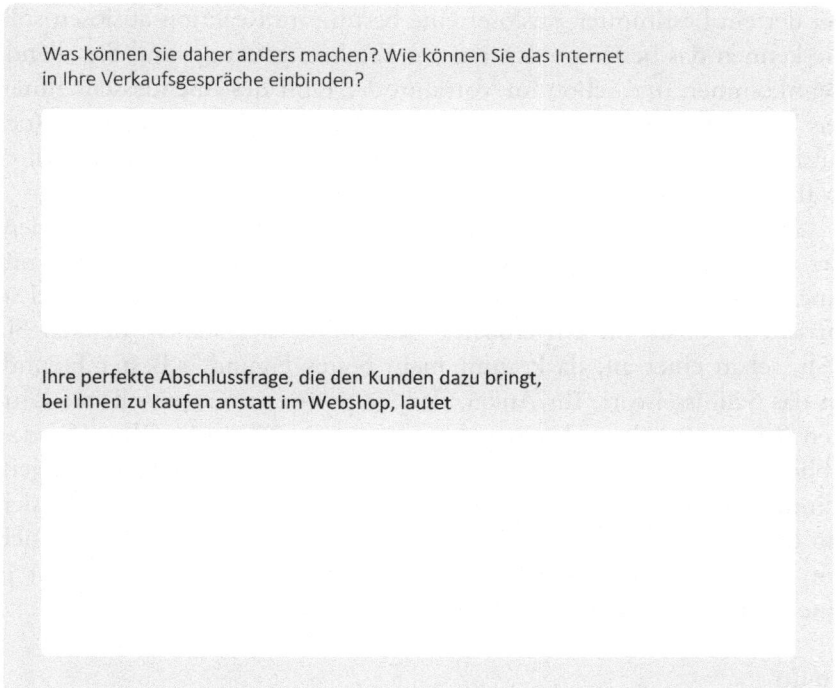

5.3.10 Freuen Sie sich über Beschwerden

Wenn jemand wutschnaubend oder zumindest mit finsterem Gesicht auf Sie zukommt, ist es ein ganz natürlicher Reflex, dass Sie Abwehrhaltung einnehmen. Damit kommen Sie nicht weit, soviel ist sicher. Sie brauchen also ein Hilfsmittel, um diese Abwehrhaltung gar nicht erst entstehen zu lassen.

Aus dem Mentaltraining gibt es die sogenannte „Ankertechnik". Vor allem Sportler wenden sie an, beispielsweise um ihre Konzentration oder einen gewissen Aggressivitätslevel vor dem Wettkampf zu aktivieren oder auch, um sich zu beruhigen oder sich positiv in Siegerstimmung zu stimulieren. Im Grunde funktioniert die Ankertechnik nach dem Prinzip der „klassischen Konditionierung", bei der ein bestimmter Auslöser eine bestimmte Reaktion auslösen soll. Sie kennen das bestimmt aus eigener Erfahrung, etwa wenn Sie abends heimkommen und schon im Vorraum der Duft des Abendessens Ihnen das Wasser im Mund zusammenlaufen läßt. Der gute Essensgeruch (der Auslöser) löst automatisch den Speichelfluss aus (die Reaktion), weil er in Ihrem Gehirn mit einer positiven Erwartung gekoppelt ist.

Genau darum soll es nun gehen: einen passenden Anker zu finden, der in Ihnen positive Gefühle auslöst, wenn ein verärgerter Kunde mit einer Beschwerde auf Sie zukommt. Ein Anker könnte zum Beispiel so aussehen: Sobald Sie ein erbostes Gesicht vor sich haben, denken Sie „Ah, schau einer an, da kommt mein bester Freund." ‚Bester Freund' ist das Schlüsselwort, Ihr Anker, der Sie positiv stimmen soll. Sie können ihm natürlich auch einen Namen geben. Wenn Sie Ihre Kunden üblicherweise hinter einem Tresen oder einem Schreibtisch empfangen, können Sie sich auch einen nonverbalen Anker setzen. Kleben Sie sich ein Smiley gut sichtbar auf den Bildschirmrahmen, und stellen Sie sich vor, dass dieses lächelnde Gesicht Ihnen zuraunt: „Hey, da kommt ja einer, der zu einem Bindungskunden werden will!"

To do

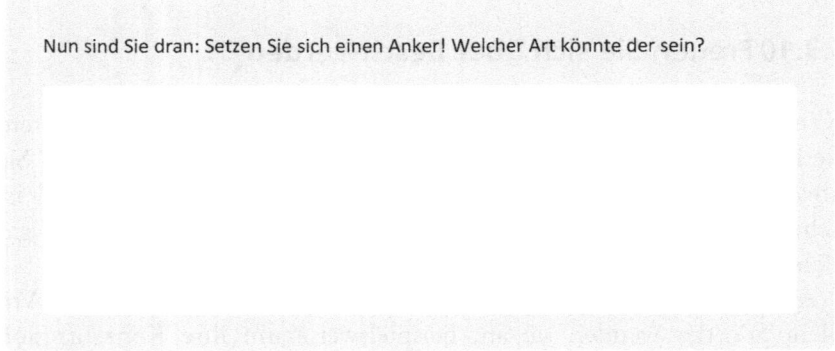

Nun sind Sie dran: Setzen Sie sich einen Anker! Welcher Art könnte der sein?

5.3.11 Lassen Sie von sich reden

Die letzte Anregung, die Sie zum Top-Verkäufer macht, schaffen Sie nun mit links, nachdem Sie schon so eifrig die vielen neuen Ideen umgesetzt haben. Wir gehen nun der Frage nach, wie Sie es schaffen können, dass möglichst viele Menschen wissen, was sie bei Ihnen bekommen können, wofür Sie da sind und was Ihre Leidenschaft ist.

To do

Rühren Sie die Werbetrommel

Welche digitalen Medien können Sie nutzen und wie können Sie ein Posting gestalten?

Welche Menschen in Ihrer Umgebung (auf dem Weg zur Arbeit, in Netzwerken etc.) können Sie ansprechen, die Sie nicht gut kennen? Sammeln Sie zehn Kontaktmöglichkeiten:

Gestalten Sie Ihre „persönliche Weiterempfehlung" am Ende eines Verkaufsabschlusses nach dem Modell, das wir in Kapitel 4.9.2 vorgestellt haben:

Feedback geben:

Feedback abholen:

Formulierung zur Weiterempfehlung:

Falls Sie Unterstützung brauchen, um Ihre Sätze besser vorzubereiten, haben wir ein Beispiel für Sie. Eine Friseurin könnte nach getaner Arbeit folgendes Feedback geben:

„Ich freue mich, dass wir Ihr Haarstyling wieder so schön hinbekommen haben. Sie werden sehen, mit der neuen Styling-Creme schaffen Sie das daheim mit links! Ich finde es toll, dass wir gemeinsam immer wieder neue Schnitte und Kniffe ausprobieren und Sie dabei so mutig sind."

Anschließend holt sie Feedback ab, indem sie sagt: „Was mich noch interessiert: Wie geht es Ihnen denn damit?"

Nachdem die Kundin geantwortet hat, fragt die Friseurin nach einer Weiterempfehlung: „Vielen Dank für das Feedback, das freut mich sehr. Eine Sache noch: Wer in Ihrem Freundeskreis kommt Ihnen spontan in den Sinn, den meine Haarkünste auch begeistern können? ... Dann erzählen Sie es gerne weiter. Ich freue mich immer über neue Kunden. Vielen Dank!"

Machen Sie gemeinsame Sache, dann haben Sie Erfolg!

Dass Jürgen und Susanne all diese Übungen nicht nur ausprobiert, sondern sie konsequent über Wochen und Monate umgesetzt haben, müssen wir wohl nicht extra erwähnen, oder? Ebenso selbstredend ist, dass die beiden tatsächlich ihre Idee verwirklicht haben, sich regelmäßig mit anderen Verkäuferinnen und Verkäufern zu treffen, um sich fachlich auszutauschen, sich gegenseitig Rat und Feedback abzuholen und so immer besser und erfolgreicher zu werden. Mit jedem Treffen wurden es mehr: Claudia, die Verkäuferin aus der Modeboutique, und Margit, die Autoverkäuferin, waren schnell überzeugt. Bald hatte Margit auch Max im Schlepptau. Sie erinnern sich vielleicht an den unglücklichen Bäckerlehrling? Er hat tatsächlich den Mut gefasst und auf Mechaniker umgesattelt – und ist zufällig im Kundendienst von Margits Autohaus gelandet. Sandra aus dem Reisebüro kam ebenfalls regelmäßig, seit Susanne eines Tages bei ihr hineinspazierte und ihr drei Visitenkarten überreichte mit der Information, dass sie sich freuen würde, sie als Kundin von „Haargenau" wiederzusehen.

Nach einigen Treffen war die Luft draußen. Nachdem sie so viel über ihre Haltung zum Verkauf gesprochen hatten und viele Anregungen teilten, wie sie diverse Situationen in der Praxis besser meistern könnten, war ihnen der Gesprächsstoff ausgegangen. Jürgen hatte die rettende Idee: Der Reihe nach sollte jeder über einen aktuellen Glücksmoment berichten. Schließlich hätten sie es sich verdient, sich einmal ausgiebig über Erfolge zu freuen und ordentlich stolz zu sein. Der Abend war bunt und voller Applaus und Lachen – und am Ende waren alle voll positiver Energie.

Als Susanne und Jürgen spätabends Arm in Arm nach Hause gingen, sagte Jürgen: „Das Lokal war heute komplett voll. Wenn das so weitergeht, brauchen wir bald ein größeres Quartier."

„Stimmt", sagte Susanne. „Jetzt können wir bald ein Bar-Camp veranstalten."

„Was ist denn das?"

„Das ist ein Event, bei dem alle Teilnehmer Wissen zu einem bestimmten Thema untereinander austauschen. Anders als bei einer Konferenz, wo vorher ein Programm festgelegt wird und Vortragende eingeladen werden, geht es bei einem Bar-Camp ganz unkompliziert zu. Alle, die sich interessieren, treffen sich und jeder bringt zunächst eine Frage ein, die er geklärt haben möchte. Daraus ergeben sich Kleingruppen, in denen dann diskutiert und gearbeitet wird. Das ist also sozusagen eine ad-hoc Un-Konferenz."

So kam es, dass aus einem Facebook-Posting für Susannes Geschäft eine echte Bewegung entstand. Sie nennen ihre Bewegung *„Wir sind Verkauf!"* Ja, richtig! Sie haben denselben Namen gewählt wie dieses Buch. Nun, für uns ist das völlig in Ordnung, schließlich ist es ganz in unserem Sinn: „Wir sind Verkauf!" als eine Bewegung zu sehen und aktiv daran teilzuhaben, dass es möglichst viele Verkäuferinnen und Verkäufer gibt, die mit Leidenschaft und ehrlichem Interesse am Menschen ihren Beruf ausüben.

Wollen auch Sie dabei sein? Darüber freuen wir uns sehr! Treten Sie unserer Community bei, Sie finden uns hier:
www.wir-sind-verkauf.com

Auf unserer Website finden Sie viele weitere nützliche Informationen rund um den Verkauf sowie Hinweise zu unserer Facebook-Gruppe und unserem Youtube-Kanal.

Sie möchten uns schreiben? Sehr gerne:
willkommen@wir-sind-verkauf.com

The manufacturer's authorised representative in the EU is Springer Nature Customer Service Centre GmbH, Europaplatz 3, 69115 Heidelberg, Germany. If you have any concerns regarding our products, please contact ProductSafety@springernature.com

Printed and bound by CPI Group (UK) Ltd, Croydon, CR0 4YY
25/03/2026
02078218-0002